Martin Luther

Nådens Nøgler

1530

Martin Luther

Nådens Nøgler
1530

Oversat og tilrettelagt

Finn B. Andersen

Oversat og tilrettelagt: Finn B. Andersen

Forlag: Books on Demand GmbH, København, Danmark
Tryk: Books on Demand GmbH, Norderstedt, Tyskland

ISBN 978-87-430-0176-8

Indholdsfortegnelse

Indledning

Omkring 10 år inde i reformationen indkaldte kejseren til rigsdag i Augsburg i 1530. På denne rigsdag fremlagde man fra luthersk side Den Augsburgske Bekendelse, som også hører med blandt den danske kirkes bekendelsesskrifter.

På grund af pavens bandlysning kunne Luther ikke selv deltage i rigsdagen, men opholdt sig på fæstningen Coburg, hvor han per bud løbende stod i kontakt med de lutherske forhandlere på rigsdagen.

Under sit ophold i Coburg fik Luther tid til at forfatte et par mindre skrifter og blandt dem er det skrift, der bringers her i en ny oversættelse. Sidst det blev oversat er helt tilbage i "Luthers reformatoriske skrifter i udvalg", København 1883.

Originaltitlen er "Von den Schlüsseln", som direkte oversat betyder "Om nøglerne". De nøgler, det drejer sig om, er dem, som Kristus nævner i Matthæusevangeliet 16, 19, nemlig nøglerne til Himmeriget. Helt konkret handler det om menighedens fuldmagt til at tilsige syndernes forladelse til et kristent menneske, der er faldet i en synd og som nu angrer og fortryder det. Men det handler også om menighedens fuldmagt til at udelukke en person fra menighedens fællesskab, hvis vedkommende person stædigt fastholder sin synd. *Hensigten er imidlertid den positive,* at denne udelukkelse må føre til omvendelse og fornyet indtræden i fællesskabet.

I nutidens folkekirke kender man det fra skriftemålet, som bruges mere eller mindre flittigt rundt omkring i landet. Skriftemålet kan foregå offentligt i kirken, hvor præsten på menighedens vegne fremsiger en almen syndsbekendelse og derefter også tilsiger en almen tilsigelse af syndernes forladelse. Skriftemålet kan også foregå enkeltvis ved en personlig samtale med præsten eller en anden sjælesørger. Her er der mulighed for at gå ind i konkrete, personlige problemer, som så kan afsluttes med en lige så konkret og personlig tilsigelse af syndernes forladelse netop for denne person i vedkommendes specielle situation.

Hovedvægten ligger altså ikke på en opremsning af en række synder, men i den hjælp, man kan hente i de ting, man kæmper med og lider under, og i den helt personlige tilsigelse af syndernes forladelse. Det sidste er det, man kalder absolution, som betyder "at løse", underforstået, at løse fra synden. Det er her nøglerne kommer ind, som det middel, der løser fra synden. Nøglerne løser eller låser op. De løser fra synden og låser op til Himmerige. Det er derfor Kristus kalder dem Himmeriges nøgler.

I titlen har jeg valgt at oversætte og kalde disse nøgler for "Nådens nøgler", fordi de helt bogstaveligt formidler Guds nåde til den enkelte. De er nådemidler på linje med prædikenen, dåben og nadveren. Om man så også direkte vil kalde dem sakramenter er for Luther udelukkende et definitionsspørgsmål. Men at nøglerne og absolutionen er et nådemiddel, hersker de på intet tidspunkt tvivl om hos Luther. Derfor kan Luther da også her i skriftet sige om et døbt menneske, der omvender sig efter et frafald, at vedkommende "bliver genfødt på ny". For Luther er der ingen modsætninger i at tale om genfødelse både i dåben og ved absolutionen i forbindelse med en omvendelse.

I de egentlige bekendelsesskrifter, der blev fremlagt på rigsdagen, tales der om både retfærdiggørelse og genfødelse i forbindelse med omvendelsen. Og som det fremgår her i skriftet, gør Luther det altså også i sit eget personlige indlæg.

Teksten er oversat fra Weimar-udgaven 30 II, 465-507. Overskrifterne er ikke oprindelige.

Oversat og tilrettelagt
Cand.theol.
Finn B. Andersen

2

Nådens nøgler

Det er i sandhed en af de største plager, der ved Guds vrede er kommet over den utaknemmelige verden, at skriftemålet med de kære nådenøgler bliver misbrugt og misforstået så voldsomt. Det har taget et sådant omfang i kristenheden, at den rette brug og den rette forståelse næsten ikke findes nogetsteds i verden. Og dog er misbrugene så grove, at et barn, der har lært at tale og tælle, næsten kan se det. Så dybt har alle kirkens folk og de lærde teologer sovet og snorket, ja så stærblinde har de været! Derfor vil jeg her, med Guds hjælp og nåde, påpege nogle af disse misbrug og hjælpe til at rydde forargelserne ud af Kristi rige. Så kan vores efterkommere se, hvordan det har stået til i kristenheden, så de for fremtiden kan vogte sig for sådan elendighed og lære nådens nøgler at kende rigtig og bruge dem godt. For en sådan erkendelse er yderst vigtig for at forebygge og undgå disse forfærdelige ting.

Det første misbrug

Nøglerne misbruges til at udstede ydre love

Vi har Kristi herlige ord til Peter i Matthæus 16, 19 og 18, 18: "Hvad du binder på jorden, skal være bundet i Himlene, og hvad du løser på jorden, skal være løst i Himlene." Af det skriftsted har pavens folk taget ordet "binde" og fortolket det sådan, at det skal betyde så meget som at byde og forbyde, eller opstille love og regler for kristenheden. Derfor giver de paven herredømmet og praler med, at han har magt til at binde de kristnes sjæle og samvittigheder med love. Hvis man ikke vil miste saligheden og blive evig fordømt, er man bundet til at lyde ham med hensyn til disse love. Omvendt skal den, der er ham lydig, blive salig. Alle skriftsteder om lydighed og ulydighed har de henført hertil, og den ganske verden er ved en sådan uforskammet udlægning af Kristi ord blevet så forskrækket, at den til sidst er krøbet i et musehul og har måttet finde sig i ene menneskelærdom. Nuvel, en sådan udlægning vil vi se nærmere på og stille den for Kristi domstol, det vil sige, for hans eget ord, og sammenligne dem med hinanden.

Om ordenes tolkning

Kære, sig mig nu for det første, om det også er ret og rigtig gjort, når man sådan river et lille ord ud af et udsagn af Kristus og giver det en vilkårlig forklaring, der passer os, *uanset om det stemmer med teksten og udsagnet i sin helhed?* Skulle man ikke vise Kristus og hans ord så megen ære, at man med al troskab og flid tog hele skriftstykket ord for ord og sammenholdt dem med hinanden, for at se, om udsagnet også tillader, at jeg opfatter et enkelt ord på en bestemt måde? For hvis de blot med søvndrukne og halvåbne øjne havde gidet se rigtig på teksten, så havde det klare, stærke lys stukket dem sådan i øjnene, at de havde måttet lukke øjnene helt op og blive vågne. Så ville de se, at det at binde i denne sammenhæng ikke tillader den tolkning, at det skulle betyde at opstille love. Nu da de imidlertid ikke har gjort det, men alene har hørt ordet binde ligesom i drømme, taler de også om det som en søvnig drukkenbolt, når man spørger, om han vil gå hjem, og han så svarer: skål! I den tro, at man byder ham et glas til.

For lad os dog høre, i hvilken skole, man lærer sådan sprog, at ordet binde skal betyde byde eller opstille som lov? Hvilken moder lærer sit barn at tale sådan? Hvorfra har da disse fortolkere af nøglernes brug den forklaring, at binde betyder byde? Hvordan kan man her sige andet, end at det kommer af deres egen, vilkårlige opdigtelse eller af en drukken drøm? Det vil sige det samme som, at de forfalsker Guds ord og sandhed med deres løgne og forfører de kristne og tjener Djævelen. Men lad os blot antage, at der dog måske var en skole, hvor man lærer, at ordet binde betyder byde, og der måske er et nyt ukendt tungemål, der taler sådan. Men hvordan bliver vi sikre på, at der derfor også her i Kristi udsagn tales sådan, at binde betyder byde, og at det helt sikkert og vist er Kristi mening? Man må jo godtgøre det med tydelige, klare ord af Skriften, at det helt sikkert er at forstå sådan. For da *dette udsagn er deres eneste grund og hovedhjørnesten, som hele pavedømmet hviler på,* så må det fuldstændig sikkert bevises, at binde ikke kan betyde andet end at opstille som lov.

Gør man ikke det uimodsigeligt, så kan enhver jo nok begribe, hvad pavedømmet hviler på med hele sin almægtige myndighed - nemlig på en usikker grund. Det hviler og vandrer i mørke og ikke i lyset, og ved heller ikke selv, hvor det står eller går. Ja, det hviler på bare løgn, det er sikkert nok. For den, der lærer noget usikkert som sikkert og fører folk derhen, han lyver og forfører lige så meget, som den, der kommer med en åbenlys løgn. Tilmed er det at lære noget usikkert vel værre og farligere løjet end at lyve åbenlyst, især i sådanne vigtige sager, som angår det evige liv og den evige død. Med hvad og hvornår vil de imidlertid stadfæste deres fortolkning? Når Djævelen farer til Himmels! Indtil da hviler pavedømmet med sine bindenøgler - jeg burde sige blindenøgler, på den rene løgn.

Fuldmagt til at tilgive og fastholde synderne

Det er jo klart, at Kristus i ovennævnte skriftsted taler om at binde så synden bliver bundet eller forbliver utilgivet, ligesom han også taler om at løse, så synden bliver løst eller tilgivet. At binde må her betyde at binde synden, og at løse må betyde at løse synden. For han lærer jo, at man skal formane, irettesætte, anklage sin bror, hvis han synder, og anse ham for en hedning, hvis han ikke vil høre, som vi skal se nærmere på nedenfor. Nu er det imidlertid sikkert, at det at binde synden ikke kan være det samme som at byde eller opstille love, som papisterne tolker det. For at byde og at opstille som lov er jo ikke synd i sig selv, men synden er noget, der gøres imod lov og bud. Det er der ingen tvivl om, og det må enhver bekende. Derfor går det ikke på nogen måde an, at ét og samme ord, som at binde, skal kunne betyde både at lovgive og at tilregne synd. Det ene må være falskt og urigtigt. Loven binder ingen synd, men den byder at undgå fremtidig synd og at gøre godt, og den går ganske naturlig forud for de synder, som endnu ikke er. Men nøglen binder en begået synd, der er begået mod loven, og kommer nødvendigvis både efter loven og efter synden. Pavens binden og Kristi binden går altså lige stik imod hinanden. Den enes tolkning kan ikke forliges med den andens i dette skriftsted. Den ene må være falsk og lyve, det kan umuligt slå fejl.

Kristi binden har det formål, at befri synderen fra synden. Han tilstræber ikke andet med sin binden, end at synderens samvittighed skal blive fri og løst fra synd. For derfor straffer og binder han synderen, for at han skal slippe synden, gøre bod og undgå den. *En sådan binden kan med rette kaldes en samvittighedens frelse og hjælp fra synd.* Men pavens binden er rettet på, at den vil fange de uskyldige samvittigheder og ikke vil have dem fri, men bundne. Han tragter ikke efter andet, end at samvittighederne kan blive besnærede og berøvede deres frihed. En sådan binden kan man med rette kalde et fangenskab og en årsag til synd, som Paulus siger i Rom 7, 11 at alle love giver årsag til at synde. Jeg mener derfor, at der her er en tilstrækkelig stor og alvorlig forskel mellem Kristi binden og pavens binden. De kan ikke være ét og det

6

samme og heller ikke sammenfattes på samme tid i ét og samme skriftsted. *Kristi binden har alene at gøre med synd og syndere og giver anledning til, at de bliver fromme og uden synd.* Pavens binden har alene at gøre med hellige og retfærdige og giver anledning til, at de begår synd og blive syndere. For hans love strækker sig over alle fromme uskyldige kristne, men *Kristi nøgler vedrører alene synderne blandt de kristne.* Så smukt stemmer pavens nøgler overens med Kristi nøgler!

Absolutionen er et ægte nådemiddel

Kristi nøgler tjener og hjælper til Himlen og det evige liv, for han kalder dem jo selv *Himmeriges nøgler.* De lukker nemlig Himlen for den forhærdede synder, men åbner den for den angrende synder. *Derfor må Kristi blod, død og opstandelse ligge skjult i hans nådenøgler, for dermed har han åbnet os Himlen. Han meddeler således ved tilsigelsen af syndernes forladelse i absolutionen de stakkels syndere, hvad han har erhvervet ved sit blod.* Nøgleembedet er derfor et højt og *guddommeligt embede,* som hjælper sjælene fra synd og død til nåde og liv. Den *giver dem retfærdigheden* uden al gerningsfortjeneste, alene ved syndsforladelse. Hvad gør pavens nøgler derimod? De byder og opstiller ydre love. Kære, hvad hjælper de mod synd, død og Helvede? Hvordan bringer de en sjæl til nåde og liv? Hvordan åbner de Himlen for de stakkels syndere? Vi ved nu heldigvis godt, at end ikke gerninger efter Guds Ti Bud gør salig eller from, men at ene og alene Kristi nåde gør from og salig ved syndernes forladelse. Hvordan skulle så ydre love og pavelige gerninger kunne gøre det? De er jo udtænkt af mennesker og er det rene skidt i sammenligning med De Ti Buds gerninger?

Tro eller gerninger

Kristi nøgler kræver ingen gerning, men udelukkende tro. For bindenøglen er jo ikke andet end en guddommelig trussel, ved hvilken Vorherre truer den forhærdede synder med Helvede. Og løsenøglen er ikke andet end en guddommelig forjættelse, ved hvilken han forjætter den ydmyge synder Himmeriget. Nu ved jo enhver ganske godt, at man ikke kan opfylde en guddommelig trussel og forjættelse med nogen gerning, men alene må gribe den med troen, uden alle gerninger. For trussel og forjættelse er ikke bud. De siger heller ikke, hvad vi skal gøre for Gud, men tilkendegiver os, hvad Gud vil gøre for os. De lærer os altså Guds gerning og ikke vores gerning. Derimod lærer pavens nøgler os vores egen gerning, hvad vi skal gøre. For hans binden giver os love, som vi skal handle efter. Stemmer de nu ikke smukt overens Kristi nøgler og pavens nøgler! De første lærer Guds gerning og ingen menneskegerning, de sidste lærer menneskegerning og ingen gudsgerning. Hvorfor kalder paven da sine nøgler Himmelens nøgler, når de hverken hjælper til Himlen eller til troen eller til kristenheden, men alene opstiller ydre jordiske regler og skikke? De burde hedde jordiske nøgler, hvis de endda er gode nok til det!

Guds riges fremtoning

Desuden siger brevet til Hebræerne i kapitel 13, at de ydre jordiske love og skikke ikke nytter det ringeste. Hjertet må nemlig styrkes ved nåden og ikke ved mad, som ikke er til nogen nytte for dem, der vil tjene Gud med det. Ligesom også Paulus alle vegne forbyder og fordømmer sådan lære, og Kristus siger selv i Lukas 17, 20: "Guds rige kommer ikke sådan, at man kan se det, men er inden i jer." Hvordan skulle han da kunne være så afsindig at give nøgler til at binde sit rige med ydre skikke? Skulle han på samme tid fordømme alle ydre skikke fra sit rige og dog give nøgler dertil og befale at herske i det med ydre skikke! Han kalder dem jo Himmerigsnøgler, der tjener til Guds rige, og til det formål hjælper ingen ydre gerning eller lov. På den anden side kan pavens nøgle jo ikke gøre andet end at binde, det vil sige, påbyde ydre menneskelige gerninger. Hvad betyder det nu andet, end at pavens nøgler vel er Himmerigsnøgler, men de gør ikke og kan ikke gøre andet end ene og alene det, som helt og holdent ikke nytter det mindste til Himlen og heller ikke hjælper til kristendommen. De er tvært imod fordømt, forbudt af Kristus selv og hans apostle og bandlyst fra hans rige. Det er mig nogle underlige Himmerigsnøgler!

Kristi retfærdighed fordunkles

Men et sådan virvar kommer alt sammen fra, at man har fornægtet Kristus og vil blive salig ved egne gerninger. Paven vil udelukkende binde sine love på os, for at Kristus skal være død forgæves, som der står hos Paulus (Gal 2, 21), og vi skal blive hellige ved vores egen retfærdighed - ud over og uden for nåden. Hvis vi holder og adlyder pavens love, kommer vi i Himlen, hvis ikke, farer vi til Helvede. Sådan bevidner de her med deres egen mund, at de er frafaldne kristne, og fornægter Kristus og hans død, ja hæver sig tilmed over Kristus selv. For da deres nøgle ikke kan andet end at binde, det vil sige, opstille love, og dog skal være Himmerigsnøgler, følger det af sig selv, at de vil til Himlen ved lov og gerning gennem deres eget nøgleembede. Det er jo den rette Antikrist, der bygger vores salighed på vores egen gerning, ved sine nøgler og ikke på Guds nåde. Og det er altså den dejlige frugt af denne høje kunst, at binde skulle betyde at give love, nemlig, at Kristus derved er fornægtet, og ærkeugudeligheden, vores egen retfærdighed, derved er opstillet og stadfæstet.

Dog vil vi her hjælpe på sagen og tjene papisterne med en tolkning, og det skal være denne: ligesom Kristus og paven har to slags nøgler, sådan gives der også to slags Himmeriger, som de to slags nøgler passer til. Det ene Himmerige er det evige liv, som Kristi nøgler hjælper os stakkels syndere til ved syndsforladelse. Den har Kristus erhvervet os ved sin død og ikke ved vores gerning. Det er Guds Himmerige. Det andet Himmerige er et sted oppe i luften, hvor djævlene regerer, som Paulus siger. Dertil hjælper pavens nøgler alle hans hellige, som holder hans bud og love. For en sådan Himmel tilhører disse hellige, og en sådan Himmel fortjener man ved menneskelove og menneskegerninger. Sådan er der da på begge sider ene Himmerigsnøgler, dog med stor forskel, der er nævnt. Derfor brøler paven også i alle bandlysninger som en løve, at man ikke skal risikere sin salighed ved at være ulydighed mod hans nøgler, og Helvede er her meget hedt. Men den, der er lydig imod hans nøgler, han er i den hellige kirkes skød og er salig, behøver hverken Kristus eller hans nøgler.

Politik hører ind under fornuftens område

Hvis Kristus ikke har villet give os mere med nøglerne end magt til at opstille ydre bud og regler, så kunne han godt have beholdt dem. Kristenheden kunne fint have undværet dem, for her er jo offentlige myndigheder, forældre, gamle folk osv., som kunne forsyne os rigelig med ydre love, etik og god moral, og det er unødvendig, at Kristus gav os nøgler til det. For hvad kan pavens nøgler udrette med sin binden eller opstillen af love, som ikke fornuften også kan udtænke og iværksætte, lige så godt som hans nøgler? Skulle nu Kristus med sine nøgler ikke have givet kirken noget højere eller bedre, end det, han forinden har givet al verden ved fornuften, så hvilede vores tro og kirken selv ikke på det guddommelige ords klippe, men på menneskefornuft. Ak, da stod den såmænd godt! Og pavens kirke står virkelig sådan, for ligesom hans nøgler er opdigtet mennesketolkning, sådan er også den kirke, han binder dem med. Krage søger mage.

Kristenheden har desuden også store skader af pavens nøgler. Ikke alene den store hovedskade og fordærvelse, at Kristi nåde fornægtes og bespottes og vores egen retfærdighed opstilles. Den overdænges også dagligt med utallige og utålelige nye love, og samvittighederne ængstes og forvirres i højeste grad, så der også af denne grund, ikke har været noget mere ynkværdigt folk under solen. Nu ved man vel, at Kristus ikke har givet sine nøgler til skade, heller ikke til at tynge sin kirke, men for at de skal være nyttige og gavnlige. De skulle heller ikke hedde kirkens eller Himmeriges nøgler, men pavens nøgler, for paven og hans folk har dermed fået al magt over liv og sjæl, gods og ære. Kirken har ikke andet end både legemlig og åndelig skade af dem og er kommet til at stå under sådanne vanvittige sjæletyranner.

Troens betydning forties i pavedømmet

Alt dette kan de ikke nægte. Det ligger klart for dagen i deres bandlysninger, skrifter og gerninger, at de ved nøglerne aldrig har lært, men fortiet den velsignede tro. De har ikke prist eller forkyndt Kristi blod og Guds nåde, men alene opblæst pavens magt, hvordan han kan binde, og hvordan man skal lyde ham i hans love. Det har de uafbrudt terpet og arbejdet på, indtil de har ophøjet hans magt, ikke alene over alle kristne, men også over alle jordiske kejsere, konger og fyrster i hele verden. Dernæst også under jorden over de døde i Skærsilden, til sidst også i Himlen over englene, på den mest uforskammede måde. Og da de ikke kunne gå videre, gjorde de paven til en Gud på jorden, en blanding af Gud og menneske, og ikke blot et menneske. Det skal vi se nærmere på en anden gang og give skrålhalsene noget at skrige over. For om Gud vil skal sådan djævelskab ikke bare tildækkes, som de nu håber og tror.

Så ser vi, hvor trofast disse fromme folk har behandlet kristenheden, at de har gjort nøgleembedet til en lovgivning og tolket det ord, der handler om Guds gerning og nåde, så det drejer sig om vores egen gerning og fortjeneste. Hvor blind og uden tro den naturlige fornuft end er, må de dog bekende, at nåde og ret ikke er én og samme ting, og at det samme skriftsted ikke på én og samme tid kan tale eller forstås om både nåde og ret. Men den, der forsøger det, ham må verden anse for en skurk eller en tosse. Nu gør disse folk det jo og ikke blot i verdslige sager, hvor det allerede er utåleligt, men her i Guds ord og Kristi sager. Og de gør det sådan, at det skal anses for trosartikler. Den, der ikke tror det, skal betragtes som en kætter, evig fordømt på sjælen og timelig brændt på legemet. Hvor ville disse skrålhalse ikke skrige og skråle, hvis de kunne gribe os i en lignende forbandet, bespottelig løgn som den, vi nu her har grebet dem i?

Pavens overhøjhed

Lad os nu blot antage, at binde skulle kunne betyde det samme som at opstille love. Så må "at løse" jo på den anden side betyde det samme som at ophæve og afskaffe love. For der står to ens størrelser over for hinanden, begge givet af Kristus i det samme udsagn. Og de to nøgler er lige store. Har nu paven eller hans kirke magt til at binde, det vil sige, give love, så må han også have magt til at ophæve love. For skal man tolke det at binde om loven, så må man også tolke det at løse om loven. Nu vel, så kan paven ophæve Guds Ti Bud, evangelierne og hele Skriften og frigøre og løse hele verden. Kan han ikke gøre det, så kan han heller ikke binde eller give love. Han må kunne gøre det ene lige så godt som det andet. Kan han ikke løse eller ophæve noget bogstav i Den Hellige Skrift, så kan han heller ikke give et bogstav af en lov.

Og sandelig, han har også gjort det. I virkeligheden har han, som ovenfor sagt, udryddet og fornægtet Kristus og i stedet indsat sin egen lov og gerning. Sådan er der også mange, der lærer, at han er over Den Hellige Skrift og kan tolke og ændre den, som han vil. Sådan har han da også gjort og roser sin hellige gejstlige ret, ved at hævde at Den Hellige Skrift har det fra ham, at den hedder hellig skrift og gælder hos alle kristne. Hvis han ikke havde stadfæstet den, så ville den ikke gælde noget og heller ikke kunne være Den Hellige Skrift. Men det skal Fanden rose ham for! Og jeg håber, munden nu er en smule stoppet på denne bagvasker, selv om der er nogen, der klager og er sure. For det hedder: "Guds ord forbliver i evighed," (Esajas 40, 8). Og Kristus siger i Matthæus 5, 18: "End ikke det mindste bogstav eller en tøddel af loven skal forgå, før det er sket alt sammen." Og et andet sted i Johannes 10, 35: "Skriften kan ikke rokkes," og Lukas 21, 33: "Himmel og jord forgår, men mine ord forgår ikke." Det er Ånden, der har sat en lille kæp i hjulet, så paven ikke skal ophæve eller løse et eneste bogstav eller tøddel i Skriften. Derfor skal han heller ikke binde et eneste bogstav eller byde det mindste over de kristne.

De to nøgler må passe til samme lås

Ja, men, kunne du sige, sin egen lov kan han vel løse? Ja, det er ganske sandt, men det er ikke nok. På den måde blev løsenøglen ikke lig med bindenøglen. Men ligesom han skulle kunne binde, hvor Gud endnu ikke har bundet nogen, og hvor alt er frit, ubundet, så skal han også kunne løse, hvor Gud endnu aldrig har løst nogen, og alt er bundet. Ellers var de to slags myndigheder ikke lige store. Det ville i mine øjne være en dårlig frigørelse, hvis jeg alene kunne løse det, som jeg selv havde bundet, men hvad en anden havde bundet, det kunne jeg ikke løse. Hvad skal jeg så med løsenøglen? Så ville min frigørelse jo ikke være andet, end at jeg undlod og hørte op med min binden. Så kunne jeg jo heller ikke løse en sjæl, som Djævelen havde bundet. Det ville dog være en intetsigende løsenøgle. Men Kristus siger her, at det skal være løst i Himmelen, hvad løsenøglen løser på jorden. Her giver han jo magt til at løse også det, som en anden har bundet, nemlig Gud selv i Himlen. Og sådan gør da også Kristi nøgler. De løser på jorden, hvad der er bundet for Gud i Himlen, sådan som ordene stå der ganske ligefrem og vidner: hvad du løser på jorden skal være løst i Himmelen. Begge dele, det at binde og løse, må være ene Guds ord, som vi senere skal få at høre.

Kort og godt, paven må kunne løse Guds bud og ord, som intet menneske har bundet. Ellers vil han heller ikke kunne binde, hvor Gud ikke har bundet, og så kan det ikke være den rigtige nøgle, han har. Den ene må give fortabt: enten Gud eller paven. Enten må paven kunne ophæve eller løse Guds ord, eller også kan han heller ikke binde, så at alle hans love må falde. For de to slags myndighed er ens og givet med hinanden. Den der mangler den ene af dem, har ingen af dem. Hvad bliver der nu her af binderetten eller bindenøglen? Den er bleven til vand, og man kan forstå, at det er forfalskere af Skriften, alle de, der påstår, at binde betyder at give love, og at Kristus hermed har givet paven og bisperne magt til at opstille love. Som det er vist ovenfor, kan han nemlig ikke løse et bogstav af loven, derfor kan han heller ikke binde noget.

Lad os alligevel høre den rette kunst, som ville følge af denne binden, hvis det at binde skulle betyde at opstille love. Så må bånd jo betyde lov, bunden må betyde en from kristen, der lader sig binde med sådan bånd, det vil sige, som holder pavens forpligtelser og love og er ham lydig. Jævnfør nu udtalelserne med hinanden. Kristus kalder den bunden, der er forbandet som en ulydig, og hvis synder er husket og ikke tilgivet. Sådan befaler han i Matthæus 22 at binde hænder og fødder på en og kaste ham ud i mørket. Fri kalder han derimod den, der er frelst og fri for sine synder, og hvem disse er tilgivet. Derimod siger paven sådan: bunden er den, der lyder min binden. Han skal blive salig. Fri er den, der er frelst og fri fra alle Guds bud, men som dog kan være ulydig og fordømt. Hvad nu? Kristus siger, at være bunden er at være fordømt. Paven siger, at være bunden er at være salig. Og de taler begge to om et og samme skriftsted og ord i evangeliet. Er det ikke en smuk ting, når man forstår at tolke Skriften så kløgtig, at den rent ud må sige nej, hvor den ellers siger ja, og tale stik mod sig selv? Tak skal de kære paveteologer have, som så mesterlig har forklaret os, hvad det vil sige at binde.

Paven benytter bindenøglen flittigt

Og da vi nu er komne frem til, at paven kan ophæve sin egen lov, må jeg spørge: Min gode mand, hvornår har paven nogen sinde ophævet sin egen lov, som han så skrækkelig har plaget kristenheden med? Hvornår har løsenøglen nogen sinde været i brug? At binde, den syssel har han vel altid drevet, og bindenøglen har været brugt, så den er helt blank, men løsenøglen har ligget ganske uvirksom, rusten og ødelagt. Hvorfor fører paven dog to nøgler i sit våben, når han aldrig bruger den ene? Den ene skulle jo dog lige så godt være i brug som den anden.

14

For Kristus har givet dem begge, for at de begge skulle komme i brug
og hjælpe hans kristne. Men man ved jo nok, at paven og hans tilhæn-
gere slet ikke vil have nogen af deres love eller sædvaner afskaffet eller
løst, men presser på med at binde og forøger deres love dagligt. Og
hvorfor det?

Ej, kære, hvis løsenøglen skulle komme i brug og til dels ophæve
forpligtelserne eller lovene, så kunne det blive en begyndelse til at op-
hæve alle de andre love. Så ville der overgå pavekirkens tyranner en
skrap reformation. Derfor er det bedre, at man altid binder og aldrig
løser og alligevel maler to nøgler, for at behage folk, men alene bruger
bindenøglen. Løsenøglen ville anrette alt for stor ulykke og borttage
både magt, ære og gods netop i lige så stort omfang som det, binde-
nøglen nu bringer dem. Vi ser også nu for vores øjne, hvor hårdnakket
de fastholder, at de slet ikke vil eftergive noget, skønt de dog ved, at de
har bundet med urette og mod Gud. Løsenøglen kan de ikke finde.
Min gode mand, sige de, hvis vi viger og giver efter i ét stykke, så må
vi jo give efter i flere stykker. Det går ikke. Det er søreme et fint råd og
et kløgtigt anslag af disse store herrer og høje lærde. Det vil være en
god hjælp, som de forestiller sig. De er ikke tabte bag af en vogn. Men
hvad vil Kristus sige til, at I så længe har berøvet hans kristne løsenøg-
len? Åh, hvad Kristus! Kristus! Det er lutherske narrestreger. Nu vel,
hvis I ikke finder løsenøglen, så vil jeg lede efter den med denne lille
bog og finde den sådan, at I hverken skal beholde bindenøglen eller
løsenøglen. For jeg hører jo, at de begge er bundet til hinanden. Får vi
den ene, så har vi dem begge. Kan I binde, så kan vi løse.

Ja, siger de, paven bruger også løsenøglen, når han dispenserer el-
ler fritager og eftergiver sine forpligtelser og love, ja, jeg havde nær
sagt, sælger dem for penge. Hvad skal man sige? Kaldes det at løse, når
man for penge sælger bindenøglens bånd? Hvorfor løser han ikke også
for Guds skyld eller for sjælens nøds skyld? Ak, det er bare luthersk
snak! Det hører ikke hjemme her. Desuden, hvorfor er løsenøglen ikke
lige så stor som bindenøglen og løser ikke lige så vidt og bredt, som
bindenøglen binder? For bindenøglen strækker sig over hele kristen-
heden, lader aldrig noget forblive løst over det hele, binder hele tiden

videre og holder fast bundet. Men løsenøglen hjælper kun en eller to ud af sådanne bånd, dog heller ikke ifølge fri magt ved pavens løseembede, men ifølge forbøn, på grund af og i kraft af den store pengegud, Mammon, uden hvilken pavens løseembede ville være helt dødt og magtesløst. Hvorfor fører paven da to lige store nøgler i sit våben, skønt han dog ikke vil have eller tåle dem lige store? Han skulle lade bindenøglen alene udfylde hele feltet og næppe lade den lille løsenøgle være så stor som et valmuefrø. Ja han skulle i dens sted føre Mammon i sit skjold og ved siden af et Djævlehoved. Sådan må den stakkels løsenøgle ikke få lov til at udøve sit embede, men skal hjælpe til at forøge penge og magt for bindenøglen, som om bindenøglen alene gør det i alt for ringe grad.

Det andet misbrug

Fejlnøglen afhænger af menneskers anger

Så tager de nu de kære nøgler under behandling. Og som de har pint teksten eller ordene i Kristi udsagn hårdt med deres tolkning, så piner de nu nøglerne selv, der er givet os ved ordene, endnu værre. De tager fat og bærer sig sådan ad med nøglerne, at den ene hedder "fejlnøglen", det vil sige, en nøgle, der kan være forkert eller tage fejl. Når paven nemlig binder eller bandsætter nogen, der ikke er bundet for Gud, eller løser nogen, der ikke er løst for Gud, så tager nøglen fejl og udretter intet, for den glipper og rammer ikke rigtig. Navnlig er det løsenøglen, der har den usikkerhed, at den kan fejle. Men bindenøglen, der opstiller lovene, fejler derimod aldrig, og kan heller ikke fejle. Helligånden styrer nemlig paven så stærkt med hensyn til bindenøglen, at den ikke kan fejle. Men løsenøglen kender Helligånden intet til. Her lader han paven råde, måske fordi Kristus uden Helligåndens vidende og vilje har givet os løsenøglen. Det ærgrer Helligånden, og derfor vil han ikke føre denne nøgle så sikkert som bindenøglen. Tro det, eller du er en kætter!

For alt dette er så sikkert, at bindenøglen også når den ikke opstiller love, men *bandsætter*, alligevel ikke kan fejle. Her har de et udsagn af Gregorius: "Selv om vi med urette sætte nogen i band, skal man dog frygte vores bandlysning." Du kan altså nok selv regne ud, at når man skal frygte det uretfærdige og forkerte band, så har nøglen ikke fejlet. Hvorfor skulle man ellers frygte for det uretfærdige band, hvis nøglen ikke rammer, men havde fejlet? For du må forestille dig, at paven er så stor i Himlen, at Gud selv må frygte for ham. Så når paven uretfærdig sætter nogen i band, så ryster og bæver Gud tillige med alle de Himmelske hærskarer for denne pavelige lynen og torden på jorden. Og Gud må fordømme den bandlyste og fuldføre det uretfærdige band. Han må således lade sin guddommelige sandhed fare og blive en skurk for pavens skyld, for at bindenøglen endelig ikke skal fejle. Men jeg vil hellere bande end skrive om denne vederstyggelighed, hvis jeg turde. Men nedenfor vil vi nærmere betragte Gregorius' udsagn.

Usikker aflad sælges for sikre penge

Nu vel, Gud være jer barmhjertig her, gode herrer. Jeg havde jo nok noget at tale med jer om, hvis I ikke bliver fornærmede. I siger, at I har en fejlnøgle – så fortæl os lige, hvad I hidtil har solgt os i afladsbrevene i Tyskland, ja i hele verden? I har jo indkasseret umådelig mange penge hos os. Har det været fejlnøgler eller træffenøgler? Det vil jeg gerne vide. Ih, har du ikke læst i bandbullen: den, der har angret og skriftet sin synd, han har virkelig afladen. Vi giver aflad, men om den kommer dig til gode, det er din egen bekymring. Vi kan ikke vide, om du har angret og skriftet ret. Derfor er vi heller ikke sikre på, om nøglen har truffet eller glippet. Den kan godt fejle og fare vild. Hvordan det? Pengene, som I har taget, har I jo med garanti og har ikke overdraget fejlnøglen at glemme dem? Ja, hvad ellers, din nar, hvem vil vel give fejlnøglen penge i forvaring? Ville det ikke være bedre at overdrage folk til træffenøglen. De lever evigt og kan ikke gøre det om. Derimod kunne man roligt betro pengene til fejlnøglen. Pengene kan man jo altid få igen? Kære, det er luthersk talt, nu gør vi det papistisk.

Tak skal I have, og Vorherre lønne jer for den gode, trøsterige besked! *Nu ser jeg klart, at nøglen sammen med afladen ikke beror på Guds ord, men på min anger og mit skriftemål.* For angrer og skrifter jeg ret, så hjælper nøglen mig til aflad. Hvis ikke, så er alt tabt, både aflad og de penge, jeg har betalt. Men, kære, hvordan kan jeg blive sikker på, at jeg har angret og skriftet ret, så fejlnøglen bliver en træffenøgle og Gud har velbehagelighed i mig? Kære, det er din bekymring, det kan jeg ikke vide. Er det nu også en rigtig fremgangsmåde, og kan det ikke kaldes stjålne penge, som du tager af mig for denne uvisse vare? For du har nu de penge, jeg betalte for afladen og siger dog, at det ikke er sikkert, at jeg har den. Jeg er således ens stillet efter købet som før købet. For jeg har nu netop lige så meget som før, nemlig en usikker aflad, det vil sige, ingen aflad. Hvordan? Skulle det være stjålne penge? Du har jo dog frivillig givet mig dem, og nu er de overgivet til træffenøglen, der ikke kan fejle. Det er rigtigt.

Tvunget skriftemål uden gavn

Ligeledes, hvad giver I os da i det årlige skriftemål, som I har brugt til at betvinge og udspionere hele verden med. Det har uafbrudt kostet os både liv og sjæl, gods og ære? Hvad skulle vi give? Tilsigelse af syndernes forladelse i absolutionen. Er den da sikker? Har du angret, og er det sådan i Himlen, som vi absolverer, så er du virkelig afløst. Hvis ikke, så er du ikke afløst, for nøglen kan fejle. *Så hører jeg atter, at nøglen beror på min anger og værdighed over for Gud.* Og jeg kan med min anger blive en sådan dygtig nøglesmed, at jeg for vores herre Gud af hans nøgler kan lave både fejlnøgler og træffenøgler. *Angrer jeg, så gør jeg hans nøgle til træffenøgle, og angrer jeg ikke, så gør jeg den til fejlnøgle.* Det vil sige: angrer jeg, så er Gud sanddru, angrer jeg ikke, så lyver Gud. Det går dog rigtig fint til, alt sammen. *Men hvordan ved jeg, at min anger og værdighed er nok for Gud?* Skal jeg stå og glo op imod Himlen og vente så længe, til jeg erfarer og overbevises om, at min anger er tilstrækkelig? Hvornår vil der komme noget ud af det? Det er din bekymring. Godt sagt. Skriftepengene, der vel er verdens gods værd, har du alligevel taget og har i deres sted givet mig en bekymring og tvivl. Det er min bekymring!

Tvivlsom dispensation – sikker bandlysning

Videre, hvad sælger I os i brevene med dispensation og andre lignende fribreve? Så man kan tage sin nære slægtning til ægte og lignende ting? Svigter nøglen ikke, så har du med Gud og ære, hvad du køber, men er det ikke velbehageligt for Gud, eller er der ingen fyldestgørende årsag, så fejler nøglen og du har det ikke med rette. Men hvor ved jeg, at det er velbehageligt for Gud, og at min begrundelse er fyldestgørende for ham? Det er din bekymring. Men hvor er de folk havnet, der har bygget på sådan usikkert køb og følgelig er døde i troen derpå? Det er deres bekymring.

Videre, når pave, bisper, provster, embedsmænd sætter nogen i band, også uden Guds ord og befaling, gælder da denne bandlysning? Ja, det er der ingen tvivl om, for her virker bindenøglen, den kan ikke fejle eller fare vild, som du har hørt. Men hvordan kan du nu vide, at den ikke fejler her? Det er min bekymring. Så forstår jeg altså, at når det gælder jeres magt, gods og ære, så er der kun træffenøgler, og så kan ingen glippe eller fejle, men når I skal hjælpe og gavne vores sjæle, så har I ikke andet end fejlnøgler? Gæt kun løs, dér traf du rigtig.

Videre, når paven forbander konger og fyrster indtil niende led, som man siger, har da også denne forbandelse virkelig kraft og gyldighed? Når Gud dog i Anden Mosebog 20 alene truer med at straffe til fjerde led og ikke forbander nogen? Ja vel gælder den så sandelig. For her virker bindenøglen, der ikke kan fejle. Hvor ved du, at Gud stadfæster denne forbandelse? Det kan du jo lade være min sag.

Desuden, når paven modsat velsigner sådanne fyrster og konger, træffe nøglerne da også på samme måde? Ja, hvis fyrsterne over for Gud er velsignelse værd, så træffe de, men i modsat fald glippe de. For her handler løsenøglen, der godt kan fejle. Men hvor ved jeg, om fyrsterne over for Gud er værdige til at velsignes? Det er deres problem.

Ligeledes, fordømmelsesbullen, som man hvert år udråber i Rom på skærtorsdag, rammer den også alt, hvad den fordømmer? Ja, skulle bullen, der er bindenøglens vigtigste værk, ikke ramme? Du hører jo, at bindenøglen ikke kan fejle. Helligånden fører den. Hvordan kan jeg være sikker på, at Helligånden fører den sådan? Det skal du lade være min sag.

Videre, hvad gør I i Skærsilden, når I ved afladen trækker sjælene op derfra? Er det også sandt? Ja, når Gud i Himlen holder vores trækken for ret, så er den sikker. Men, hvordan ved jeg, at Gud holder den for ret? Det er dit problem. Hvor bliver da de mange penge af, som I med Skærsilden har stjålet og røvet, jeg mener, vundet med denne fejlnøgle? Lad du mig om det, træffenøglen skal nok bevare dem.

Videre, når paven byder englene, at de skal føre pilgrimssjælene til Himlen, er det så også vist? Kristus skænker jo nøglerne alene her på jorden, og englene er ikke på jorden. Forholder det sig sådan, at Gud befaler englene, hvad paven byder, så er det virkelig sandt. Men hvor ved jeg, at Gud befaler englene dette? Det er dit problem.

Videre, når I indvier præster, iklæder bisper deres skrud, kroner paven, salver kejsere og konger, indvier munke og nonner, velsigner klokker og kirker, salt og vand og lignende, er det så også vist? Hvad, behøver du at gøre så mange spørgsmål? Hører du ikke: *alt, hvad bindenøglen udfører, er sikkert, men hvad løsenøglen udfører, det er uvist.* Det, der i ovennævnte ting hører under bindenøglen, har bindende kraft og er sikkert. Hvad der hører ind under løsenøglen, kan fejle og er uvist. Men hvor ved jeg, at alt dette forholder sig sådan? Jo, sandelig, hvad der hører ind under bindenøglen, det kan du lade mig om, men hvad der er løsenøglens gerning, det er dit problem.

Et spørgsmål om penge

Ja, hallo, når det er meningen, hvorfor venter I da ikke så længe med jeres fejlnøgle, til I bliver sikre på, at angeren over synden er fyldestgørende over for Gud. Så kunne I undgå at fejle og handle så usikkert med afladen og absolutionen? Ligeledes, hvorfor venter I ikke så længe med fribrevene og alle andre stykker, til I bliver sikre på alle ting? Man skal jo ikke handle sådan forgæves løst hen i vejret med Guds befaling og omgås så letsindigt med det. Det er stor synd. Ja, min gode mand, skulle vi tøve så længe, så fik vi aldrig en krone, ikke nogen ære eller magt, og nøglerne ville for længst være rustede. Vi ville så være fattigere og ynkeligere end apostlene, profeterne og Kristus selv har været. Desuden handler vi heller ikke forgæves eller letsindigt med nøglerne, for de skaffer os fulde, tunge pengepunge og kirker nok. Apostlene brugte derimod nøglerne letsindigt, for de fik ikke en rød øre ud af det.

Endnu ét, sig mig dog for Guds skyld, hvorfra har I fået fejlnøglen? Siden hele Skriften ikke ved noget om den, men kun har sikre træffenøgler? Ih, vi har den derfra, at Gud er tavs og ikke fortæller os, om din anger er ret eller årsagerne til at løse og fritage er fyldestgørende. Derfor kan vi heller ikke vide det. Skulle nøglerne nu ikke ruste fordærvet, må vi altså handle på det uvisse. Træffer det, så træffer det, og glipper det, så glipper det, ligesom når man leger blindebuk. Hvad hører jeg? Leger I blindebuk med vores sjæle, liv og gods, det har jeg ikke vidst før. Nu ser jeg, at I deler broderlig med os. I beholder træffenøglen til vores penge og gods og overlader os fejlnøglen til Himlen. For jeres eget vedkommende har I træffenøglen, og for vort vedkommende har I fejlnøglen. Ja, det er dit problem. Kan du ellers ikke sige mere om tingene end de ord: ”Det er dit problem?” Skulle jeg ikke kunne sige mere? Jeg siger yderligere: hvad bindenøglen og træffenøglen angår, så skal du lade mig om det. Er det ikke nok? Åh jo, mere end nok, og alt for meget, desværre. I er højlærde doktorer og erfarne folk, det må jeg indrømme. Nu forstår jeg virkelig, hvorfor nøglerne er af sølv og føres i rød silke. Og at Kristus med nøglerne har villet gøre jer til herrer på jorden og underlægge jer kristenheden som en trælbunden, ynkelig tjenestekvinde og givet jer nøglerne ikke for kristenhedens skyld, men alene for jeres egen skyld. Ja, det er sandt, hvordan kan det være anderledes?

Paven er ikke ufejlbarlig

Hvad synes du om sådanne folk, kære bror? Jeg mener ligefrem, at det er at spille terninger med Guds ord, som slynglerne gør. Og de spiller med den kære kristenhed og de stakkels sjæle, som var det værdiløse kort, skønt Gud dog selv har indhøstet dem så dyrt med sin kære søns blod og død. Nu vel, ondskaben overgår al klage, forbandelse og harme. Hvis jeg eller en af os havde sagt og lært dette, at pavens nøgle var usikker og kunne fejle, Gud forbarme sig, hvilket skrig ville der da ikke være opstået. Da ville Himmel og jord være styrtet sammen. Da ville man allerførst have forkætret os, da ville det have lynet og tordnet med bandsættelse og fordømmelse, som om vi ville svække kirkens magt. *For de har aldrig kunnet tolerere, hvis nogen sagde, at paven kan fejle og fare vild i trossager.* Men alt dette er trossager. Nu siger de selv og bekender frit ud, at afløsningen ved skriftemålet er usikker. *Hvis angeren ikke er tilstrækkelig for Gud, så virker absolutionen intet. Samtidig kan de dog ikke fortælle, hvilken anger, der er tilstrækkelig, og hvornår den er fyldestgørende.* Dermed påfører man de stakkels ængstede samvittigheden tvivl, så de ikke kan vide, hvad de har eller ikke har. Alligevel tager man gerne alle folks penge og gods for sådanne usikre ord og gerninger.

Deraf følger, at paven, så længe han har haft fejlnøglen, endnu aldrig har absolveret et eneste menneske i hele sit pavedømme. Han har hverken haft nøglerne eller brugt dem, men så vidt det har stået til ham, har han fyldt Helvede ved hjælp af fejlnøglen og en usikker afløsning. For en tvivlsom afløsning er det selv samme som ingen afløsning, ja det er det samme som løgn og bedrag. Skal det være at styre Kristi kirke og vogte hans får? Sådan også med afladen. Fordi den er uvis og beror på menneskers anger, så har paven i al den tid afladen har bestået, aldrig nogen dag eller time givet aflad. Hans buller og jubelår må have været det største røveri og skurkestykke, der er opkommet på jorden. For tvivlsom aflad er ingen aflad, ja det er ligefrem bedrageri og kæltringestreger. Men uvis må den være, da angeren, som den beror på, er uvis. For hvem vil påstå, at hans anger er fyldestgørende for Gud? *Det er ikke vores anger, men Kristus selv med sin lidelse, der er vores anger og fyldestgørelse for Gud.*

Sådan også med dispensation, fribreve og lignende, da de støtter sig på, om grundene er fyldestgørende over for Gud eller ikke. Da nu intet menneske kan vide det, så har paven i alle sine levedage aldrig nogensinde udstedt noget gyldigt fribrev eller givet nogen sikker dispensation. For usikker fritagelse er ingen fritagelse, ja det er kun løgn og bedrageri. Gud er trofast og sanddru, vil ikke have at gøre med en usikker sag. Alt, hvad han gør og hvad der skal gælde for ham, må være sikkert. Som Jakob 1, 7 siger: man skal ikke vakle eller tvivle, men den, der vakler eller tvivler, han tror ikke, at han vil få noget af Herren. Men hvad andet lærer disse fejlnøgler end at vakle, tvivle og være uvis? Det vil sige, de lærer at fortvivle og fornægte Kristus og blive fordømt. For den, der ikke tror, er fordømt (Joh 3, 18) og hvad der ikke sker i tro, det er synd (Rom 14, 23). Nu kan de jo ikke tro her, fordi nøglen med sin kraft beror på vores usikre anger, på vores uvisse handlinger og sager. For hvem kan tro på sin egen gerning eller anger? Ingen uden den, der er vantro og fornægter Kristus, da vores gerninger jo ikke er Guds ord.

Drag du nu til Rom, hent aflad og fribreve, giv penge og lad dispensere for dig, lad dig præstevie eller bliv biskop, løb efter valfarter, påkald helgenerne, udløs af Skærsilden, skrift for sådanne præster. Så er du vel faren, for du ved ikke, hvad du gør, har eller er for Gud, ja du er bedraget og ført bag lyset, og begge dele med rette. Hvorfor foragte vi Guds ord og er så utaknemmelige mod vores herre Kristus? Over for mennesker vil de sandelig have det troet, at det, de løser og dispenserer for, er noget sikkert og udelukkende træffenøgler. Ve den, der siger anderledes. Men indbyrdes siger de: nøglen kan fejle. Det gør de af den grund, at når folk tror, det er sikkert, får de dermed den rette træffenøgle til al verdens pengekister. Men når de ved, det er usikkert og løgn, så tjener det til, at de fylder Djævelens Helvede med kristensjæle og gør Kristi rige øde.

Gud og hans ord fornægtes

Se nu, hvilken frugt læren om fejlnøglen har frembragt. For det første må Gud være en løgner. For Gud har fast og sikkert tilsagt ved Kristus i Matthæus 18: Hvad I binder på jorden, skal være bundet i Himmelen, og hvad I løser på jorden, skal være løst i Himmelen. Det er klare, tydelige, ligefremme ord, der ikke tillader nogen fejlnøgle. Han siger, at det skal være sikkert og ikke slå fejl. Hvad de binder og løser, skal være bundet og løst. Men hvad siger mester paven dertil? Jeg ved sandelig ikke, siger han. Jeg vil nok løse på jorden, men om det derfor også vil blive løst i Himmelen, det vil jeg lade være din sag. Han slår ligefrem Gud på munden. Gud siger: er det løst på jorden, så skal det være løst i Himmelen. Paven siger: det behøver ikke at være løst i Himmelen, selv om det er løst på jorden. Nøglen kan godt fejle.

Hvad er det andet, end som om paven sagde til Gud: Gud, du løgner, du siger, at det, som vi løser, virkelig skal være løst, og du glemmer, at vi også har fejlnøglen. For da vi ikke ved, om den, vi løser, virkelig er løst, så skal du heller ikke vide det. Langt mindre skal du sige det sådant frit og sikkert og dermed gøre mennesker glade og trygge. For hvad skulle du vide, som vi ikke skulle vide? Hvad tør du forjætte mennesker, som vi ikke står inde for? Er den løste from og værdig, så bliver han løst ved vores løsen. Er han ikke from, så er han ikke løst, selv om vi løser. Men da vi ikke ved, om han er from, så er også både nøgle og frigørelse uvis. For nøglen med dens kraft afhænger ikke af dit ord, men af vores kendskab til, om mennesket er fromt eller ikke. Men da nu denne viden er aldeles usikker, så må også vores frigørelse forblive det og du må nødvendigvis lyve Gud, når du så dristig siger, at det, som vi løser, virkelig også skal være løst.

24

Selv samme ære viser de i lige måde vores herre Kristus. Som om han med sit blod ikke havde erhvervet andet end fejlnøgler og uvis frigørelse. Og som om han har taget sin kære brud kristenheden ved næsen som en bedrager eller løgnhals. Han har jo givet hende usikre nøgler og befaler hende at binde og løse, skønt hun dog må være usikker på virkningen. Hun kan jo ikke se eller kende menneskers hjerter, som paven siger.

Nådemidlerne er guddommelige ordninger

Det er let at konstatere, at disse folk ikke holder nøglerne for en guddommelig indstiftelse og gerning. Ligesom tyrkerne og hedningerne anser de dem for en menneskelig ordning eller embede, som om de i lighed med en menneskelig myndighed, afhang af menneskers magtfuldkommenhed. *For de støtter ikke nøglerne på Guds ord, men på menneskers handlinger og hensigter.* Er mennesker fromme, så løser nøglen. Er de ikke fromme, så løser den ikke. Sådan som personen er, sådan er og virker nøglen også. På samme måde afhænger heller ikke bindenøglen af Guds ord, men af pavens velbehag. Når han er rede, må nøglen opstille love og også binde. Gud nåde os, enten det så er imod Guds ord eller ej. Og det må også hedde bundet, for der står: sådan vil jeg, sådan befaler jeg, min vilje er grund nok. Gud må vel sige ja dertil, hvad skulle han ellers, stakkels mand?

Hvis de virkelig holdt det for Guds ordning eller embede, ville det være umuligt, at de skulle gøre det til en fejlnøgle. For Guds ordninger er sikre og kan ikke fejle, så lidt som hans ord kan lyve eller bedrage. Ligesom dåben og nadveren og prædikeembedet også er Guds ordning, de fejler ikke og farer ikke vild. *Det var heller ikke til at tolerere, hvis man ville opstille to slags dåb, en træffedåb og en fejldåb.* Eller to slags evangelier, et træffeevangelium og et fejlevangelium. Eller to slags nadver, en fejlnadver og en træffenadver. For alt, hvad Gud siger og gør, er den rene sandhed. Ellers måtte man også sige, at Gud var en dobbelt Gud, en træffegud og en fejlgud, og alle hans skabninger måtte på den måde være dobbelte. På samme måde, hvis de anså bindenøglen for Guds ordning, ville de aldrig kunne sige, at det var ret, når de bruger den til at opstille love eller bandsætte med urette. For alt dette gør nøglen ikke, men de selv, under skin af nøglen og under Guds navns skjul, som de dækker deres tyranni og kæltringestreger med.

Troen undermineres

Det er også en frugt af deres lære, at den forstyrrer kristenheden og troen. For hvis en kristen hører og overbevises om, at nøglerne kan fejle, så er det ikke muligt, at han kan støtte sig til og tro på, hvad nøglen tilsiger ham. For det, man skal tro, må man være sikker på eller i det mindste anse for, at det er Guds ord og sandhed uden al tvivl. Ellers bliver der intet tilbage uden en vis antagelse og vaklende tro, ja en rigtig vantro. Det kan ikke fejle. Da paven og hans tilhængere frit bekender, at deres nøgler kan svigte og fejle, så må alt i pavedømmet helt igennem være uvist, alt, hvad de udfører. For når paven ikke ved, om han binder eller løser ret, så må hans undersåtter også være usikre på, om de er løste eller bundne. Det indebærer, at de må blive vaklende i troen, ja helt vantro, ikke-kristne, tyrker og hedninger. Sådan fører den ene blinde den anden, og begge falder i graven.

Hvad er nu pavens kirke for en kirke? En usikker vaklende kirke eller *dinglekirke*, ja en falsk løgnekirke, der svæver i tvivl og vantro, uden Guds ord. For paven lærer med sine fejlnøgler kirken at tvivle og være usikker. Er det en vaklende kirke, så er det ikke troens kirke, for den står på en sikker klippe endog imod Helvedes porte, Matthæus 16. Er den ikke troens kirke, så er den heller ikke den kristne kirke, men må være en ukristelig, antikristelig, tros-tom kirke, der forstyrrer og ødelægger den rette, hellige kristne kirke. Sådan bevidner de her med deres egen mund, at paven må være den rette Antikrist, der sidder i Guds tempel og er en ødelægger og syndemester, som Paulus siger i 2 Thess 2.

Du gode Gud, man skulle ikke gøre nøglerne så uvisse og vaklende. Man burde i stedet på det allerivrigste prædike, at de sikkert og virkeligt forkynder Guds ord, som man skal tro uden al tvivl. *Det koster allerede besvær nok, at en elendig samvittighed kan tro. Hvad skal den da gøre, hvis man allerførst også gør det usikkert, som den skal tro på,* og dermed styrker og stadfæster dens tvivl og forsagthed.

Kristi retfærdighed eller selvretfærdighed

En følge af denne lære er desuden, at den opstiller menneskegerninger og selvretfærdighed imod *Kristi retfærdighed, der af nåde skænkes os i troen.* Om denne afskylighed kan man, hermed mægtig overbevise dem. For med deres uvisse fejlnøgler gøre de ikke alene Guds ord til intet, men *henviser endog mennesker fra Guds ord til deres egne gerninger og fortjenester* og siger: Er du angrende og from, og er din sag retfærdige, så hjælper nøglerne dig, men ellers ikke. Hvad andet siger man med det end netop: du må fortjene nåden og blive værdig til den over for Gud ved dine egne gerninger, derefter hjælper nøglerne dig så. Sig mig, hvordan kan man nedsænke en kristen dybere i sine gerninger og lokke ham kraftigere til at stole på sin egen fortjeneste og drive ham længere bort fra Guds nåde og Kristi blod end med denne lære? Desuden lærer de at gøre Gud til en falsk dommer, der skal og må se på personerne og vores gerninger. En Gud, der sælger sin nåde og ikke giver af barmhjertighed. Skal jeg forinden fortjene nåden for Gud med mine gerninger, hvad i Djævelens navn skal jeg så med nøglerne? Hvis nøglerne ikke kan give mig nåden, men jeg forinden må have fortjent nåden? Har jeg forinden nåden, så behøver jeg hverken nøgler eller pave. For hvis Gud er for os, hvem vil da være imod os.

Absolutionen skænker nåde til uværdige

Heraf må du kunne begribe, at pavens nøgler ikke virkelig er nøgler, men hylstrene eller skallerne af de rigtige nøgler. Eller som han i gerninger viser og som han fører dem i sit våben, så er det kun malede, uvirkelige nøgler, der vel fylder øjnene, men ikke giver sjælen noget. For du hører her, at de selv bekender, at nøglerne ikke giver nåde. Der er heller ingen Guds nåde i dem, men mennesket skal forinden erhverve sig nåden ved sig selv, uden nøglerne. *Er det nu så intetsigende, tomme, virkningsløse nøgler, at de ikke bringer nåden, men forudsætter dens tilstedeværelse, så kan det ikke være de rigtige nøgler. For de rette nøgler er fulde af nåde, bringer og giver nåde endog til de uværdige og dem, der ikke har fortjent det - ja alene til uværdige og dem, der ikke har fortjent det.* Da nu altså deres nøgler er så tomme og intetsigende, så indser du jo nok, hvor fuldstændig de derved har udryddet, fornægtet og fordømt den herre Kristus. Nøglerne giver hos dem ikke andet end pavens nåde eller som de siger kirkens nåde, at synderen forsones med paven eller kirken. Men Guds nåde må man selv fortjene uden nøglerne. Det er smukt vendt op og ned, at Kristus skal have givet sine nøgler til, at man ved hjælp af dem skal opnå menneskenåde, men Guds nåde skal man erhverve sig ved sig selv uden nøgle og uden Kristus. Det må jo være en gruelig vederstyggelighed, eftersom Kristus dog i sandhed har givet nøglerne, for at man derved ene og alene kunne opnå Guds nåde. Til at opnå menneskers og kirkens nåde har han anvist andre veje og midler.

Nøglerne bruges vilkårligt

Foruden alt dette har de endnu en højere myndighed, som betyder, at de har fuldstændig råderet over nøglerne. Når de ønsker det, er den en fejlnøgle, og omvendt, når de vil, så er den en træffenøgle. Det kan jeg give dig et godt eksempel på. På den seneste rigsdag har pavens udsendinge, kardinal Campegius, ladet sig høre. Paven kunne måske dispensere eller tillade nadveren under begge skikkelser og præsteægteskab, men at han skulle kunne tillade munke og nonner at indgå ægteskab, det kan han ikke gøre. Nøglen måtte da fejle og fare vild. Nu har paven jo tit gjort dette tidligere og da var der ikke tale om fejlnøgler eller vildfarelser, som man ved. Og den, der havde kaldt det vildfarelse, ville være blevet fordømt til det dybeste Helvede. Men siden en kardinal, pavens diplomat, kalder det en vildfarelse, så er det en trosartikel. Sådan omgås man med os stakkels kristne. I dag ja, i morgen nej. I dag fejlnøgle, i morgen træffenøgle. Og dog er begge dele rene trosartikler. Det er lige meget, I har bare at tro det. Men hvor er de folk så havnet, som paven har ladet indgå ægteskab fra klostrene, da de har troet, at det har været rigtigt, mens kardinalen nu siger, at det er urigtigt? Hvad bryder paven og kardinalen sig om det? Det er nok, at folk tror, at det er rigtigt, hvis det er det, de pavelige ønsker, og omvendt skal de ligeledes tro, at det er urigtigt, hvis det er det, de ønsker.

Nu vel, vi ved jo meget godt, at de pavelige ikke regner os tyskere for mennesker. De er i den grad hovmodige og trygge, så de mener, at når en kardinal slår en skid, så er der født de tyske en ny trosartikel. Det stammer fra os selv, og det er vores egen skyld, at vi er sådanne dumrianer og lader os sådan holde for nar. Dog håber jeg, at de nu må have fået os dumrianer en ganske lille bitte smule at føle, og at den vanvittige Bileam også engang må høre sit æsel. Vil de ikke dispensere og give tilladelse, så lad dem slippe. Den lede Djævel skal bede dem om det, og ikke jeg. Jeg vil handle og gøre, hvad jeg ved, der er Guds ord, og ikke først spørge hans fjender i Rom, om de ville tillade det, men handle efter ordsproget og sige: tilladelser kan komme bagefter. *For de skal ikke sætte mig deres pavestol over Guds ord* og lære ham, hvad han skal befale os. Det skal jeg for mit vedkommende, om Gud vil, nok forbyde dem.

Kort sagt, vi vil ikke tåle ordet fejlnøgle i kristenheden. Den lede Djævel har bragt det op fra Helvede for dermed at forstyrre tro, evangelium og Guds rige. Der er heller ikke noget fromt, kristent hjerte, der kan finde sig i det. Der skal udelukkende være sikre træffenøgler i den kristne kirke, og ingen skal være i tvivl eller spørge, om nøglen kan glippe eller fejle. Det er det selv samme som at spørge, om Guds ord kan lyve eller fejle. Men dét skal man flittig bekymre sig om og give vel agt på, om vi har at gøre med nådens nøgler eller ej. Er det nådens nøgler, så vær vis på, at der ingen fejltagelse eller vildfarelse er, men udelukkende træffen og sikker Guds gerning. Ganske ligesom jeg ikke skal spørge, om evangeliet er ret eller uret, for evangeliet er ret og kan ikke være uret. Men det er nødvendig at spørge efter og se til, om det er evangeliet eller ikke, vi har for os. Er det evangeliet, så gælder det ikke mere om at spørge, om det er ret, men da gælder det simpelthen om en fast tro og om at leve efter det.

Hvem er den høje majestæt

Jeg har engang hørt tale om en bestemt mand, der sagde: nøglen farer ikke vild, men paven kan nok fare vild. Og det er også ganske rigtig sagt. Ligesom jeg kan sige: evangeliet farer ikke vild, men prædikanten eller sognepræsten kan nok fejle, når han under skin af evangelium kommer med sine egne drømme. Sådan farer heller ikke nøglen vild, men det er paven, der farer vild, når han under navn og skin af nøgle iværksætter sin egen vilkårlighed og indbildskhed. Det vender de nu om og siger: nøglen fejler, paven er ufejlbar. Og før de ville indrømme pavens fejl, vil de hellere sige, at Gud fejler i sit ord og sin gerning. Om dette har pavens mulæsler, hans hofnarre, et mundheld: Det er ikke til at formode, at en sådan høj majestæt skulle kunne fejle. Det er et rigtigt tyrkisk udsagn. For tyrkerne siger nemlig det samme om deres kejserdømme. Det er ikke at formode, at Gud skulle lade et så stort folk forvildes og fordømmes. Ja, stol du blot på det og tvivl ikke. Men man skulle måske også betænke, at sådanne høje majestæter alligevel ikke er Gud, men mennesker. Og mennesker synder, fejler, lyver og bedrager, som Skriften siger.

Men sig mig dog, mine gode mulæsler, hvis det ikke er at formode, at en sådan høj majestæt skal kunne fejle, hvorfor er det da at formode, at nøglerne og den guddommelige majestæt skulle kunne fejle? Eller er nøglen og Gud ikke lige så ophøjet som paven? Nøglerne er jo ikke menneskers, men Guds ord og gerning, ophøjede over alle mennesker. Derfor har Gud heller ikke villet befale noget menneske at styre sin kristne kirke, men har forbeholdt det for sig selv og befalet, at man ikke skal forkynde andet end hans ord. For han ved, at når vi lærer uden hans ord, af os selv, så er det blot fejl, vildfarelse, løgn og synd. Derfor skal vi alene være hans redskab og give ham vores tunger, at han selv og han alene kan tale og regere ved os, som det hedder. Derimod lærer disse mulæsler, at paven skal styre og ikke Gud, og at man skal tro paven og ikke nøglerne. For da paven ikke kan fejle, så tror man ham med rette. Men da Guds nøgler fejler, så kan man ikke tro ham. Sådan skal man lære og styre den kristne kirke, at der kan komme et Djævelrige ud af det fuld af løgn, vantro og al vederstyggelighed. Det hører til syndens mennesker og fortabelsens børn, der ødelægger al verden med synd.

Det tredje misbrug

Magt både politisk og forstandsmæssig

Så langt har vi hørt, hvordan de på dobbelt vis har adskilt nøglerne. For det første har de tolket bindenøglerne og løsenøglerne, så de kan bruge dem til at opstille love og ophæve love eller give tilladelser. For det andet har de gjort dem til fejlnøgler og træffenøgler. Dermed er det ikke nok. De har for det tredje delt dem i ”magtens nøgle og erkendelsens nøgle”. Og det er de rette to nøgler, som paven for alvor mener, han fører. Sådan går det, når man én gang kommer bort fra vejen, så er der ingen ende eller ophør på forvildelsen, og en løgn må altid have syv andre at dække sig bag, og det hjælper dog ikke.

Den politiske magt

Magtnøglen vil sige, at paven har magt i Himlen og på jorden til at byde og forbyde, hvad han vil. Han kan indsætte og afsætte kejsere, konger, fyrster. Han kan mestre og regere al øvrighed. Han kan byde over englene i Himlen og lade mennesker slippe for Skærsilden. Og hvorfor skal man opremse mere? De diskuterer og har længe væres uenige om, hvorvidt paven er et menneske eller en Gud, men er endelig kommet til den afgørelse, at han er Guds statholder på jorden og en jordisk Gud, en person sammensmeltet af Gud og menneske. Det udretter magtnøglen.

Derfor hedder det så skrækkeligt i den kirkelige lovgivning, at Gud har givet Peter ”magt både i de himmelske og jordiske riger”. Det vil sige at paven er kejser i Himlen og på jorden. Det har Kristus givet Peter. Og et andet sted i kirkeretten påstår paven, at der slet ingen tvivl er om, at når et rige er kejserløst, så er han den rette kejser. Og et andet sted hedder det, at paven står over kejseren, lige så meget som solen er over månen. Af sådanne skrækkelige, gruelige tordensprog findes der mange flere i den kirkelige lovgivning, så Johannes med rette skriver i

Åbenbaringsbogen 10, at englen i skyen brøler som en løve, og syv tordener svare ham. De har også handlet i overensstemmelse med dette lige til den dag i dag. De har afsat og indsat mange kejsere og konger, forbandet og fordrevet fyrster og gjort sig til herrer over alle herrer, til konger over alle konger, i kraft af denne magtnøgle.

Dommer over al tale og tænkning

Erkendelsesnøglen vil sige, at paven har autoritet over alle love, både kirkelige og verdslige, over alle lærdomme, både Guds og menneskers, over alle handelsaftaler og retssager, over alle tvivlsspørgsmål og uenigheder. Kort sagt er han ifølge denne nøgle, dommer over alt, hvad man kan *tale og tænke*, i Himlen og på jorden. Ligesom han i kraft af sin magtnøgle er en herre over alt, hvad man kan *gøre* i Himlen og på jorden. Derfor er og hedder paven med sin tredobbelte krone med rette en kejser i Himlen, en kejser på jorden og en kejser under jorden. Havde Gud noget mere, så var han også kejser over det og skulle bære fire kroner. Hvad han nu ifølge magtnøglen befaler, at der skal gøres og leves, det gøres og leves der i alle kongeriger på jorden. Og hvad han ikke vil have gjort eller levet, det bliver ikke gjort eller levet. Sådan også, hvad han vil have lært, prædiket og dømt, det skal hedde lært, prædiket og dømt. Hvad han derimod ikke vil have lært, prædiket eller dømt, det er ikke lært, prædiket eller dømt. Om det så, Gud hjælpe os, var Guds ord eller verdslig ret, så ville det dog være kætteri. For paven er herre over al magt og al lærdom, i Himmelen og på jorden. Kære, hvem gad ikke nok have et sådan kejserrige, hvis han kunne få det?

Kirken står over Bibelen

Derfor brøler han et andet sted i sin kirkelige lov, at alle kejsertroner og kongetroner, som dømmer, skal lære retten af ham og af ham modtage den til låns. Og hele kristenheden verden over ved, at man ikke kan lære eller dømme paven, men at alle til hobe må lade sig dømme af ham. Ligeledes må også Den Hellige Skrift og Guds ord modtage lån af ham, det vil sige, "modtage kraft og gyldighed", som hans ord lyder. Og resultatet bliver, at hverken Gud eller mennesker tør sige til paven: hvad gør du? Eller: hvorfor gør du det? Men han kan gøre og lære, hvad han vil, ustraffet, uhindret og uden vejledning. Sådan gruelig brølen findes der meget af i hans kirkelige love og bandbuller. Og alt dette er de højeste artikler i den kristne tro, så du hellere måtte fornægte Gud selv end en af disse. Og mange fromme folk er af den grund blevet brændt og myrdet.

Nu vel, her har du nu én gang for alle en grundig forklaring på, hvad Kristus har ment med det udsagn til Peter: hvad du binder på jorden, skal være bundet i Himlen, og hvad du løser på jorden, skal være løst i Himlen. Denne nemlig: når du træder kejsere og konger under fødder, Peter, så skal det være rigtigt. Når du ophæver mit ord, så skal det være ophævet. Du skal være Gud. Jeg vil ikke mere være Gud. Er det ikke en smuk forklaring? Men det er ikke nødvendigt at bekæmpe dette syn yderligere, det ville give en alt for stor bog. Og næsten alle, også dem, der hænger ved paven, er klar over, at denne forklaring er falsk og opdigtet. For Kristus har ikke givet Peter nogen magt til at herske hverken i Himlen eller på jorden, men adskiller sit rige fra det verdslige rige og bekender for Pilatus, at hans rige ikke er af denne verden. Det er derimod et sandhedens rige. Og et andet sted siger han til sine disciple: verdslige fyrster hersker og har magt over deres undersåtter, men sådan skal I ikke gøre. Med disse og lignende klare udsagn forbyder Kristus Peter og sine disciple, at have verdsligt herredømme og formaner dem til at passe deres embede og tjeneste, som han har kaldet dem til. Så kan de lade de verdslige herrer passe det, de skal.

De to regimenter

Dette skammelige misbrug er ganske vist ikke så forfærdelig som de to ovennævnte og kan heller ikke tilføje sjælen så dræbende skade. For når blot Guds ord forbliver, kan en kristen stadig vedblive at være kristen og blive salig, selv om biskoppen eller sognepræsten bliver verdslig herre. Det verdslige herredømme skader ikke hans tro. Man kunne vel også finde sig i, at pave og biskopper var herrer, da de alligevel ikke passer deres biskoppelige embede. Blot de så lod andre passe det kirkelige embede. Dog har denne vildfarelse været skyld i stor legemlig skade. Paven og hans tilhængere har nemlig derved stiftet megen krig, blodsudgydelse og jammer blandt lande og folk. Sådan må det jo være, at den, der er en løgner, også må blive en morder, ligesom hans far Djævelen også er det. Så ifølge denne forståelse er paven rigtig nok for længe siden faldet ud af Peters arvelod og har ikke mere være Peters efterfølger, men kejserens eller snarere Djævelens.

Kristus har givet kirken sine nøgler til Himmeriget og ikke til jorderiget, som han siger: det skal være løst i Himlen. Men hvad hjælper det verdslige rige en kristen til at komme i Himlen? Ja, hvis det kunne hjælpe en til Himlen, så havde Kristus ikke behøvet at komme ned fra Himlen. Der har både før og senere været ganske udmærkede kongeriger både udrustet med magt og grundfæstet med ret. Han havde også sagtens selv kunnet blive en verdslig konge, hvis det havde været nyttigt eller nødvendigt til Himlen. Men da han nu ikke har gjort det, er det let at regne ud, at han ikke har givet sine nøgler til verdslig magt. Og paven med sine tilhængere har fortolket Kristi herlige udsagn falsk og ondsindet om den verdslige magt. Og de angrer det ikke engang eller gør det godt igen, men går uforbederlige omkring, indtil de går til grunde,

Læreembedet

Men jeg må ikke undlade at gøre opmærksom på, at de henfører erkendelsesnøglen, til de nøgler, der er givet Peter og apostlene i Matthæus 16 og 18. Og skønt nogle lærere også gøre dette, så er det dog ikke rigtigt, og man skal ikke så ubetænksomt samle lærernes ord og støtte sig på dem uden bestemte vidnesbyrd af Skriften. Det er herfra den skrækkelige vildfarelse med fejlnøglen stammer, så de har ment, at nøglen ikke kan binde eller løse, uden at man sikket ved, hvordan sagerne står over for Gud. Som om Kristus med erkendelsesnøglen havde befalet, at de ikke skulle binde eller løse noget, undtagen de forinden vidste, hvordan Gud så på dette menneske. De har dog ikke selv holdt dette opdigtede bud, men har rask væk bundet og løst som blinde. Bagefter har de snakket sig fra det med fejlnøglen, som om det ikke var deres skyld, at de farer vild og fejler. Nu rimer det ikke godt sammen, at de mener, at man skal vide det på forhånd og dog godt kan binde uden denne viden. Sådan må altid den ene løgn afføde den anden og forråde sig selv.

Men vi siger sådan, at erkendelsesnøglen eller kundskabens nøgle slet ikke hører til de nøgler, vi nu tale om, dem fra Matthæus 16 og 18. Det er helt og holdent en ganske anden nøgle. Dem, vi nu taler om kalder vi bindenøglen og løsenøglen efter Kristi ord, hvad I binder, hvad I løser osv. Men om erkendelsens nøgle taler han i Lukas 11, 52 til farisæerne sådan: "Ve jer, I lovkyndige, I har taget erkendelsens nøgle, selv går I ikke ind, og dem, som vil gå ind, forhindrer I." Her giver Kristus ikke nogen nøgle, men siger, at de har den, og det må være gamle nøgler, der har været i brug, inden Kristus har forladt Himlen. Derfor kalder han den også erkendelsens nøgle eller den, der fører til erkendelse, at den nemlig skal tjene dem til erkendelse. Og han tilføjer, at de ikke selv går ind. Hvor ind? Til erkendelsen, som de har nøglen til og forhindre dem, der gerne vil ind til erkendelsen.

Ud fra det, mener jeg, at det er klart nok, at Kristus her hverken taler om at binde eller løse, men om at prædike og lære, og denne nøgle er ikke andet end lærenøglen, det vil sige, læreembedet, prædikeembedet, præsteembedet, som man skal føre folkene til erkendelse ved, så de lærer, hvordan de skal tjene Gud og blive salige. Det er denne erkendelse, som han her nævner, og som mange fromme hjerter også gerne gad have og gerne ville ind til. Men de bliver hindret og ført vild netop af dem, der skulle føre dem ind. Dem, skulle åbne adgang, da de har nøglen og embedet til det. Sådan bar farisæerne sig ad. De skulle føre mennesker til erkendelse af Kristus og af sandheden, men i stedet forbød de det, forhindrede det og lærte stik imod det, så det blev til kætteri. Sådan forhindrede de mange, der gerne ville have lært sandheden at kende, sådan som det jo hidtil er gået alle vegne, at de frommeste, der gerne vil lærer sandheden at kende, blive allermest vildledte. For dem, der foragter sandheden og er ligeglad, kan Djævelen ikke forføre, fordi de allerede hører ham til.

Derfor kalder Matthæus også i kapitel 23 denne måde at hindre og nægte adgang for en nøgle, som de misbruger til at lukke Himlen, og siger: "Ve jer, I skriftkloge og farisære, I øjentjenere, at I lukker Himmeriget for mennesker. I går ikke selv derind, og dem, der vil gå derind, tillader I det ikke." Nu havde farisæerne jo ikke Peters nøgle. Det er afgjort. Altså taler Kristus her heller ikke om at binde og løse, men han taler om fromme mennesker, der gerne vil til Himmels, men som bliver hindret med vold, løgn og bedrageri. Derfor er det sagt om det almindelige prædikeembede, der skal lukke op og forkynder Himlen for alt folket. Men Peters nøgler angår alene enkelte personer, nemlig synderne. Derfor skal vi ikke sådan blande nøglerne sammen mellem hinanden, som de dovne og søvnige teologer gøre, men holde dem pænt og godt ude fra hinanden. Så kunne vi blive ved den rene og visse sandhed og undgå al vildfarelse.

Det er ganske vist sandt, at man skal vide, hvem og hvad man skal binde og løse, for Guds ordning skal ikke lege blindebuk, som vi nedenfor skal høre. Men den viden, som de her taler om, nemlig at man skal vide, hvordan mennesket står over for Gud, har ingenting på sig. Det er netop denne misforståelse, der gør nøglen til en fejlnøgle. Derfor vil vi ikke have en sådan videnøgle lige så lidt som fejlnøglen, og ingen af dem skulle findes i kristenheden. På samme måde vil vi heller ikke tåle magtnøglen eller herskenøglen, og den skal heller ikke være i kristenheden, lige så lidt som vi vil tåle den bindenøgle, der opstiller love, og den løsenøgle, der dispenserer og sælger fritagelse for penge. *Vi vil have og beholde den almindelige lærenøgle og dernæst for dem, der synder, den rette bindenøgle og løsenøgle.*

Opdigtede synder

Den rette gamle forståelse af det udsagn, der er nedarvet fra apostlenes tid, men med nød og næppe er blevet bevaret, har pavens folk nu også haft fingrene i. De lader ikke noget upint og uplaget i dette skriftsted. Seks slags nøgler har de lavet og tolket ordene efter eget forgodtbefindende. Nu tager de også de rigtige nøgler og den rette forståelse for sig og omgås med det, sådan som vi nu skal se. Men den rette forståelse og de rette nøgler går ikke ud på at opstille love eller sælge fritagelse, heller ikke at binde fejl eller løse fejl, heller ikke på at søge magt eller på at vide hemmelige ting. De går alene ud på at binde synder og løse synder, det vil sige, bandlysning og absolution, eller at sætte i band og løse af band. For det er det, Kristus taler om, og netop det, han giver nøglerne til. Vi ser ganske vist nok af bandsættelse og afløsning hos disse folk, men hvordan bruger de det?

De rigtige synder, som man skal straffe med band, og som nøglerne er beregnet på, dem ænser de ikke. De tager sig særdeles lidt af dem og lader nøglerne ligge helt ubenyttede hen og ruste. For hvis de ville bruge nøglerne, du godeste, hvor mange paver, bisper, munke, fyrster, herrer, borgere og bønder ville da være frie for bandet og bindenøglen? Der findes jo dog alle vegne en så hæmningsløs, ustraffet livsførelse, især hos kirkens folk. Her hersker alle slags skamløse laster som en syndflod, med formuesikring, røveri, materialisme, løsagtig seksualitet osv., så Gud og verden heller ikke længere kunne tåle det. Jeg vil endda fortie den gruelige synd, at de alle bærer Kristi navn og dog foragter hans ord så dybt. Kirkens folk gider ikke læse eller forkynde det, og de andre ikke hører eller lærer det. Det er alt sammen de virkelige hovedsynder, som man skulle binde med nøglen, straffe og bandsætte for. Så havde denne nøgle mere end nok at bestille. Men hvordan skulle de kunne binde, når de er værre og mere skyldige end alle de andre?

Frihed for kødet

Derfor står det sådan til med deres styrelse, at de frimodig gør brug af bindenøglen ved at opstille love, og af løsenøglen ved at eftergive synder. Ja, desværre alt for meget, som om de i gerningen ville sige: Kristus har ved nøglerne givet os magt til, at vi skal binde og med love plage andre folk i verden, men os har han givet magt til, at vi må leve ubundet, frit, og ustraffet, på det allerskammeligste og blot få alle slags synder eftergivet. De lever, sådan som Peter siger om dem, 2 Pet 2, 14: "de søger synden." Sådan får de det at binde og løse til at rime fortræffelig med hinanden, og deres nye forståelse stemmer smukt overens med den gamle forståelse. Det at binde går således ud på at fange andre folk med love, men at løse har hensyn til dem selv, så de kan leve frit og ubunden.

Det må man virkelig kalde at have truffet den rette mening af disse udsagn: hvad i binder, skal være bundet, nemlig al verden, og hvad I løser, skal være løst, nemlig vi kirkens folk. Denne forståelse er fortrinlig og meget nyttig og trøsterig for den kristne kirke. For efter den første opfattelse forbedrer de kirken ved deres hellige love, efter den anden forståelse forbedrer de sig selv ved deres smukke livsførelse. Så kunne man nok sige, at kirken var godt hjulpen både med ord og gerninger, både med lære og eksempel. Spøg til side. Det går virkelig sådan til. Djævelen har ment det alvorligt med deres binden og også udført det.

Opdigtede synder straffes, virkelige går fri

I stedet for at bruge nøglerne på de rigtige synder, bruger de dem på rene opdigtede synder og drive sådan gøgl med Guds ord og befaling, som ærkefjolser. For deres binden og løsen går alene ud på de synder, som sker imod deres egne love. Hvor det vedrører de kære penge og kirkens ejendom, da er der tales om hovedsynd. Mord, ægteskabsbrud, gudsbespottelse og hele Sodoma er for intet at regne. Men når nogen rører ved eller hindrer kirkens havesyge og luksus, så lyner og tordner bindenøglen. Omvendt, når nogen lader deres pengebegærlighed og overforbrug i fred, så ler og stråler løsenøglen. Nu har vi ovenfor hørt, at de ikke har nogen bemyndigelse til at give love for kristenheden, derfor kan det heller ikke være nogen rigtig synd, hvis man ikke holder dem. Derfor skal ingen i gerninger giver de kirkelige love medhold, som om de var gyldige og skulle overholdes. Man skal ikke gøre sig delagtig i deres hovmod og uretfærdige magt.

Er der nu ingen synd her, så må både det at binde og løse være bare gøgl og abespil. Med det bliver Guds nøgler forhånet og de kristne forvirret og bedraget. De må frygte, hvor der ikke er nogen grund til frygt, som Salme 14 siger. Derfor tjener de også Gud forgæves, som Kristus siger i Matthæus 15. Ja, de tvinges til de falske og skadelige gudstjeneste, bort fra troen og Guds bud, hen til deres opdigtede falske love og gerninger. For denne bandlysning eller denne binden opretholder den første binden, som de opstiller love med.

Men en kristen skal vide, at denne binden og afløsning er et spindelvæv. De skal undgå og foragte, ja fordømme det som en gudsbespottelse og sige med Salme 109: "Forbander de, så velsigner du, bandsætter de, så løser du, vredes de, så ler du." For som deres love er, sådan er også deres band. Som deres love og band er, sådan er også deres kirke. Som deres kirke er, sådan er også deres Gud. Alt til hobe rent gøgleri, dog under navn af Guds hellige nøgler. Guds navn må være deres gøglertelt til at forføre den kære kristenhed, fordærve både sakramenter og tro, fornægte Kristus og forglemme Gud. Åh, den lede vederstyggelighed!

Kristus eller Barabbas

For det tredje driver de deres spil endnu værre, de binder og bandsætter, forfølger og myrder endog de hellige kristne mennesker, skønt de ved, at der ikke er nogen synd, men bare ret og sandhed. De forbander nemlig evangeliet trods bedre vidende. For de bekender, at nadveren under begge skikkelser er ret, at ægteskab og spiser er frie, og at evangeliets lære er sandhed, men alligevel skal det være kætteri, fordi de ikke selv har lært det. Her virker bindenøglen rigtig, både på legeme og sjæl. Omvendt, når nogen piber og tuder i kor med dem og hjælper til at håndhæve sådan gudsbespottelse, så bliver han ikke alene frelst og fri fra alle synder og kætteri, men er et kære barn og den største helgen. Han kan da blive både biskop og kardinal, domsherre og fuldmægtig i kirkeministeriet.

Det hedder at bruge nøglerne rigtig og binde de rigtige synder og løse de rette bodfærdige, nemlig at løse Barabbas og korsfæste Guds søn. For jøderne vidste også godt, at Barabbas var en åbenlys morder, og Kristus et helligt menneske. Alligevel skulle Barabbas frigives som et helligt menneske, og Kristus dø som en morder. Sådan skal man oplede, finde og gøre til synd, for at bindenøglen kan have noget at gøre og ikke skal ruste, men straffe og fordømme de fromme kristne hist og her. Og sådan skal man finde dyd og gode gerninger, for at løsenøglen også kan have noget at gøre, belønne og bekranse morderne, forfølgerne, gudsbespotterne og kætterne både hist og her. Det er en priselig brug af nøglerne.

Af alt dette ser du, at paven i disse stykker aldrig hverken har bundet eller løst noget menneske, sat i band eller ophævet bandet, men det er alt sammen ren skrømt og blinde slag. Og det viser sig, at ingen har så lidt af nøglerne som netop den, der allermest gør sig til af nøglerne, fører dem overalt i sit våben og maler dem på væggene. Og hvordan skulle han også kunne have nøglerne, når han ikke har og heller ikke kan døje Guds ord? *Sandelig, hvor Guds ord ikke er, blive nøglerne heller ikke. De vil være ved Guds ord og i kirken, eller også vil de ikke være nøgler.* Derfor har Kristus sandelig rigtig fortræffelig delt nøglerne mellem sig og paven. Han beholder de rette nådenøgler og lader paven have de malede nøgler, som han kan sætte i sit våben eller på væggen. I Kristi kirke har de hverken sted eller plads.

Kirkefædrenes autoritet

Men hvad siger du til det oven anførte udsagn af Gregorius: vort band skal frygtes, selv om det var uretfærdigt? Dertil siger jeg: enten det udsagn er af Gregorius eller af hans moder, så er det Djævelen, der har sagt det. Jeg turde dog nok gladelig se på den doktor, der ville lære, at jeg skulle frygte for uret og løgn. Om det så var en engel fra Himlen, ville jeg befale ham at tage sit skrækkelige band og føre det til sin bagdel og tørre næsen med det. Hvad skal en sådan uforskammet bespottelse også til for, der frækt byder os kristne at frygte åbenlys uret og løgn og tilbede det som en Gud? Hvis Gregorius virkelig har ment og sagt dette og ikke gjort bod, så burde han være i Helvedes afgrund, ingen tvivl om det, dog vil jeg ikke fordømme Gregorius.

Men det er en stor plage, som de romerske mulæsler og teologerne ved universiteterne og i klostrene har plaget os med, at de har gjort alle de kære fædres udsagn til trosartikler. De hører ikke Paulus sige, at man forinden skal prøve alt (1 Thess 5, 20). De tænker heller ikke, at jo helligere de kære fædre har været, des mere anfægtelse af onde tanker og skjult bedrag har de uafbrudt måttet lide og vente fra Djævelens side. Og nogle af disse ting har da også undertiden måttet fare ud gennem tungen eller pennen, som vi ser, at den kære Job i sin anfægtelse taler uoverlagte ting imod Gud. De har været mennesker lige så vel som vi, har også måttet bede: Forlad os vores skyld og før os ikke i fristelse osv. For det snavs, der nu er fremkommet af dette udsagn, giver jeg ikke Gregorius så meget skylden som de mulæsler og filosofteologer, der ligesom svinene æder alt uden forskel, som de finder hos de kære fædre. Ja, de æder oven i købet hellere skidtet og det onde end det gode. Og hvis de finder noget rent og helligt, bruger de det kun, hvis det kan indbringe penge.

Nøglernes rette brug

Dette har jeg nu på den allermest simple måde påpeget om nøglernes misbrug. Ellers skulle det, hvis jeg ville vise min vrede og hævne mig, have lydt ganske anderledes. Den, der nu vil være en kristen, skal huske på, ikke at regne pavens nøgler det ringeste, men bliver ved Kristi og hans kirkes to rette nøgler. De opstiller ikke love og sælger dem igen for penge, som pavens første to nøgler gør. De er heller ikke i tvivl om, hvornår de fejler eller træffer med deres binden og løsen, sådan som pavens fejlnøgle og træffenøgle er. De omgås heller ikke med opdigtede synder og dyder, som pavens to sidste nøgler gør. Alle disse otte, seks, fire, to nøgler, eller hvor mange de vil gøre dem til, skal du holde dig fra og lade paven føre i sit våben. De tilintetgør nemlig troen på Kristus, borttager al trøst og gode råd af vores samvittighed og opstiller vores egen gerningsretfærdighed over for Gud og lærer at glemme og fornægte Kristus, som vi har hørt. For vores sjæl må sandelig være fuldt og fast forvisset om det, den skal forlade sig på, og som den skal stole på imod synden og den evige død. Derfor må nøglernes udsagn alene være sikre Guds ord, ellers er de ikke de rette nøgler.

Troen modtager nåden, men skaber den ikke

Tro dernæst, at nøglerne eller *syndernes forladelse ikke afhænger af vores anger eller værdighed,* som de lærer og falskelig foregiver. Det er helt pelagiansk, tyrkisk, hedensk jødisk, gendøberisk, sværmerisk og antikristeligt. Men tro derimod lige modsat, *at vores anger, gerning, hjerte, og hvad vi er, skal støtte sig til nøglerne* og med fuldt overlæg trøstig forlade sig derpå som på Guds ord. Og med fare for at fortabes på legeme og sjæl skal du ikke tvivle på, at *det, som nøglerne siger og giver dig,* det er så sikkert, som om Gud selv sagde det, *som han da også visselig selv siger det.* For det er hans befaling og ord og ikke et menneskes ord eller befaling. Men tvivler du, så beskylder du Gud for løgn, fordrejer hans ordning og lader hans nøgler støtte sig til din anger og værdighed. Angre skal du, det er sandt, men at syndernes forladelse derfor skulle blive sikker og stadfæste nøglernes gerning, det er det samme som at forlade troen og fornægte Kristus. *Han vil ved nøglen skænke og tilgive dig synden, ikke for din skyld, men for sin egen skyld, af ren nåde.*

To handlende subjekter om samme gerning

Kristus siger jo: hvad I binder på jorden, skal være bundet i Himmelen, og hvad I løser på jorden, skal være løst i Himmelen. Læg mærke til, at han sikkert og bestemt lover, at det, vi binder og løser på jorden, skal være bundet og løst. Her er ingen fejlnøgle. Han siger ikke: hvad jeg binder og løser i Himlen, det skal I også binde og løse på jorden, sådan som fejlnøglens lærere misforstår det. Hvornår ville vi kunne erfare, hvad Gud i Himlen binder efter løser? Aldrig, og så ville nøglerne være forgæves og til ingen nytte. Han siger heller ikke: I skal vide, hvad jeg binder og løser i Himlen. Hvem kunne vide det? Men han siger sådan: binder I og løser I på jorden, så vil jeg også binde og løse i Himlen. Gør I nøglernes gerning, så vil jeg også gøre den. Ja, når I gør det, så skal det være gjort, og det er ikke nødvendigt, at jeg gør yderligere. Hvad I binder og løser, det vil jeg hverken binde eller løse, men det skal være bundet og løst uden min medvirken. Min gerning og jeres gerning skal være én og samme ting, ikke dobbelt. Mine og jeres nøgler skal være de samme, ikke to forskellige slags. Gør jeres gerning, så er min allerede udført. Binder og løser I, så har jeg allerede udført det.

Han forpligter og binder sig til vores gerning, ja han befaler os sin egen gerning. Hvorfor skal vi da gøre den usikker eller vende op og ned på den og foregive, at han forinden skal binde og løse i Himlen? Som om hans binden og løsen i Himlen var noget andet end vores binden og løsen på jorden, eller som om han oppe i Himlen havde andre nøgler end dem på jorden. Han siger jo tydelig og klart, at det er Himmerigs nøgler og ikke jorderigs nøgler. Mine nøgler skal i have, siger han, og ingen andre, og i skal have dem på jorden. Han kan jo ikke samtidig og foruden disse Himmelens nøgler også have andre nøgler, der ikke skulle passe til Himlen. Og hvad skulle de gøre uden for Himlen? Er det nu Himlens nøgler, så er det ikke to slags nøgler, men kun én slags nøgler, der åbner her nede på jorden og oppe i Himlen. Det er én og samme slags binden og løsen her på jorden og oppe i Himlen.

Gud handler i sakramenterne

Men disse tanker om to slags nøgler skyldes, at man *ikke holder Guds ord for Guds ord.* Men fordi det udtales ved mennesker, så betragter man det netop, som om det var menneskeord. Man tænker, at Gud sidder højt oppe og langt, langt fra dette ord, der er på jorden, og så glor man op imod Himlen efter det og opdigter endnu andre nøgler. Men Kristus siger dog her i Matthæus 16, at han vil give Peter nøglerne. Han siger ikke, at han har to slags nøgler, men de samme nøgler, som han selv har, og han har ingen andre, dem giver han til Peter. Det er som vil han sige: Hvorfor glor du op imod Himlen efter mine nøgler? Hører du ikke, at jeg har givet dem til Peter? Det er ganske vist Himmeriges nøgler, det er sandt, men de er ikke i Himlen. Jeg har efterladt dem nede på jorden. Du skal ikke søge dem i Himlen eller noget andet sted, men finde dem i Peters mund, dér har jeg lagt dem. *Peters mund er min mund,* og hans tunge er mine nøglers pung, hans embede er mit embede, hans binden er min binden, hans løsen er min løsen, hans nøgler er mine nøgler. Jeg har ingen andre, ved heller ikke af nogen andre. Hvad de binder, er bundet, og hvad de løser, er løst, ikke anderledes end som om der ellers ikke var nogen, der binder eller løser i Himlen eller på jorden. Er der muligvis flere eller andre nøgler, enten i Himlen eller på jorden eller i Helvede, så vedrører de slet ikke mig. Jeg ved intet om det. Hvad de skulle binde eller løse, bryder jeg mig ikke om, bryd du dig derfor heller ikke om det, og lad dem ikke vildlede dig. Jeg ser alene på, hvad min Peter binder og løser. Det holder jeg mig til, hold du dig også dertil, så er du i mine øjne allerede bunden og løst. For Peter, og ellers ingen, binder og løser i Himlen. Se, det er ret tænkt og talt om nøglerne!

Ordet skaber, hvad det nævner

Her har vi nu, hvad nøglerne er, nemlig et embede, en magt eller befaling, givet kristenheden af Gud, ved Kristus, til at fastholde og forlade mennesker deres synder. For sådan siger Kristus i Matthæus 9, 6: "For at I skal vide, at Menneskesønnen har myndighed på jorden til at forlade synder, så siger han til den lamme: Rejs dig, osv." Og straks efter hedder det: "Folket priste Gud, som havde givet mennesker en sådan myndighed." Lad dig ikke her vildlede af den farisæiske snak, som nogle bedrager sig selv med, om hvordan et menneske skulle kunne tilgive synd, skønt han dog ikke kan give nåden eller Helligånden. Bliv du stående ved Kristi ord, og vær du forvisset om, at Gud ikke har nogen anden måde at tilgive synder på end ved det mundtlige ord, som han har befalet os mennesker. Hvis du ikke søger forladelse i ordet, vil du forgæves stå og gabe op imod Himlen efter nåden eller den indre tilgivelse, som man siger.

Men siger du, der er dog mange, der hører nøglernes binden og løsen, men alligevel ikke bekymrer sig om det og forblive ubundne og uløste. Derfor må der være noget andet, der har betydning, end ordet og nøglerne. Ånden, Ånden, Ånden må gøre det, som de sværmeriske grupper siger. Men mener du, at den, der ikke tror på bindenøglen, ikke er bunden? Han skal nok i sin tid erfare, at til trods for sin vantro har bandlysningen ikke været uden virkning eller har svigtet. Sådan er det også med den, der ikke tror, at han er løst og har fået sine synder forladte. Han skal også nok med tiden erfare, hvor fuldstændig tilforladelig hans synder nu er blevet ham tilgivet, selv om han ikke har villet tro det. Paulus siger i Romerbrevet 3, 3: "Selv om vi er vantro, fejler

Gud dog ikke". Sådan taler vi nu heller ikke om, hvem der tror på nøglerne eller ikke. Vi er ganske klar over, at der kun er få, som tro. Men vi taler om, hvad nøglerne gør og giver. *Den, der ikke antager det, har det rigtig nok ikke, men derfor svigte nøglerne dog ikke.* Mange tror ikke på evangeliet, men derfor fejler eller lyver evangeliet dog ikke. *En konge giver dig et slot. Tager du ikke imod det, så har kongen dog ikke derfor løjet eller fejlet. Du har derimod bedraget dig selv og skylden er din. Kongen har virkelig givet dig det.*

Sakramenternes gyldighed og gavn

Ja, siger du, her lærer du selv fejlnøglen, for ikke alt det sker, som nøglerne sætter i værk, da nogle ikke tror eller antager det. Åh, se dog kære, hvis det skal hedde at fejle, så fejler Gud med alle sine ord og gerninger. For få tror eller antager det, som han dog uafbrudt taler og gør imod alle. Det vil jo direkte være at fordreje sproglæren og falde ud af sprogbrugen. For det kan ikke kaldes at fejle eller fare vild, når jeg gør eller taler noget, og en anden foragter det eller lader det uænset. Men pavens fejlnøgler forstås og opfattes sådan, at *selve nøglen kan fejle,* selv om et menneske gerne vil tro og antage den. For det er *en betinget nøgle,* der ikke henviser os til Guds ord, men til vores egen anger. Den siger ikke lige ud: Jeg løser dig virkelig, det skal du tro. Men den siger sådan: Er du angergiven og from, så løser jeg dig, hvis ikke, så fejler jeg. Det vil sige, at jeg er en fejlnøgle og jeg kan ikke sige: jeg ved for vist, at jeg har løst dig for Gud, enten du så tror det eller ej, sådan som Peters nøgler kan. Men den må sige sådan: jeg løser dig på jorden, men jeg ved sandelig ikke, om du derfor er løst over for Gud. For de har ikke lært om troen med nøglerne, som man ser i alle afladsbuller. Her bliver der alene krævet anger og skriftemål og penge, men *der mæles ikke et ord om troen.*

Det kan man også godt mærke her, for de angrer og revser ikke denne uvisse vildfarelse, hverken hos sig selv eller hos andre. De går rigtig sikker omkring, som om denne tvivl slet ikke var nogen synd, og tænker: har jeg truffet, så har jeg truffet, har jeg fejlet, så har jeg fejlet, det er lige meget. *De gør sig således hverken overvejelser eller bekymring over denne vantro,* skønt vantroen dog er en skrækkelig synd hos begge parter, både hos den, der løser, og hos den, der bliver løst. For det er Guds befaling og ord, som den ene siger og den anden hører. De er begge ved deres sjæls salighed forpligtede til at tro dette lige så sikkert og fast som alle andre trosartikler. For den, der bruger nøglerne, men ubekymret tvivler, om han har truffet, bundet eller løst, han bespotter Gud, fornægter Kristus, træder nøglerne under fødder og er værre end en hedning, tyrk eller jøde. Det samme gør også den, der bliver bunden eller løst, hvis han ikke tror eller ringeagter det, for man skal tro Guds ord i fuldt alvor og med al tillid. Den, der ikke tror, må lade nøglerne i fred. Han måtte hellere være med Judas og Herodes i Helvede. For Gud vil ikke lade sig forhåne af vores vantro. Det er sandelig ikke hver mands sag at bruge nøglerne ret.

Omvendt: den, der tror eller dog gerne vil tro, at nøglerne er visse, han kan være glad og bruge dem frimodigt. Du kan ikke vise Gud større ære med hans nøgler, end om du tror dem. Derfor lærer vi vores trosfæller sådan: den, der bindes eller løses ved nøglen, skal tro denne binden og løsen så vist, at han hellere ville dø ti gange end tvivle. Det er Guds ord og kendelse, der ikke kan overgå en større vanære, end hvis man ikke tror det. Det ville være det samme som at sige: Gud, du lyver, det er ikke sandt, hvad du siger, jeg tror det ikke, og Gud må altså blive løgner for ham. Lige så overbevist skal også den være, som binder eller løser, eller han er skyldig i lignende afskyligheder. Men hvor har man nogen sinde lært eller hørt dette i pavedømmet? Ja, hvis man havde hørt det, var fejlnøglerne og deres fæller aldrig opstået, og disse to nøgler var vedblevet at være alene og smukt rene. Hvor mange bisper og medhjælpere er der vel, der bruger nøglerne sådan? De tror ikke, at det, som nøglerne udtaler, er Guds ord. Det er de vant til som til en gammel verdslig sædvane. Men hvis de skulle tænke, at det var Guds kendelse, som de selv forinden ved deres sjæls salighed måtte tro, så ville de ikke omgås så letsindig med det, men med frygt og bæven.

Men hvor skulle man tage medhjælpere fra? Hvad ville der blive af kirketjenerne? En uordentlig reformation ville rejse sig her. Og dog skal og må det være sådan.

Daglig uddeling af Kristi blod

Men papisterne har den fordel, at de i deres forstokkelse og forblindelse ikke ser, hvad nøglerne er, agter dem heller ikke højere, end for så vidt de indbringer penge. Nøglerne er således ingen steder i større vanære end hos dem, der har dem eller gøre sig til af at have dem. Mærk dig det af følgende eksempel: Et indviet nadverbæger må ingen kristen røre ved, uanset, at han er både købt og døbt, indviet og helliget ved Kristi blod. Nej, Kristi blod er intet mod et indviet bæger. En nadverdug må ikke vaskes af nogen kristen kvinde, ja end ikke af en nonne, som dog skal være Kristi særlige brud, uanset, at fluerne, som jo ikke er indviede, i øvrigt nok må besudle det. Så stor hellighed er her til stede. Men nøglerne de må ikke alene berøres, men endog på det letsindigste misbruges af de værste skurke. *Og dog er nøglerne Guds rette helligdom, som er et af kirkens ædleste, helligste klenodier, helliget med Kristi blod. Og nøglerne uddeler endnu daglig Kristi blod.* Dem betror de til sådanne folk, til tegn på, hvilket værd de tillægge dem, og hvor hellige de holder dem for at være, og det er dog ved hjælp af dem, de ville være herrer på jorden.

Kirketugt i praksis

Hvordan skal man da bære sig ad, hvis man vil bruge nøglerne rigtig, så det bliver ret over for Gud? Her har du Matthæus 18, 15, en sikker tekst, hvor Kristus selv bestemmer nøgleembedet sådan, at du ikke kan fejle, hvis du blot følger det. Følger du det derimod ikke, men opfinder en ny, speciel måde, så skal du på den anden side også vide, at du fejler og ikke har de rette nøgler. Men sådan lyder teksten: "Hvis din bror synder imod dig, så gå hen og kræv ham til ansvar på tomandshånd.

Hører han dig, så har du vundet din bror. Men hører han dig ikke, så tag endnu én eller to med dig, for at alle sager må blive afgjort efter to eller tre vidners udsagn. Men hører han heller ikke dem, da sig det til menigheden. Og hører han ikke menigheden, da regn ham for en hedning og tolder." Her har du en sikker fremgangsmåde fremsat i Guds ord, der ikke lader dig fejle. Så kan du bruge nøglerne uden frygt og bekymring, i overensstemmelse med Guds vilje. For bagefter følger teksten om nøglerne: hvad I binde på jorden, osv.

Men hvis du ikke bruger denne vejledning, så bliver du usikker, og dit hjerte kan ikke sige: jeg ved, at jeg ikke fejler. Det vil nage dig og sige sådan: du har bundet og løst uden Guds ord. Gud har ikke befalet dig det, men det er din egen vilkårlighed, derfor har du ikke haft nogen nøgler, men du har kun drømt om nøglerne. Derefter vil din samvittighed endvidere dømme dig og sige: du har bespottet Guds navn, vanhelliget nøglerne og tilføjet din næste vold og uret, skræmt hans samvittighed med løgn, ført den i vildfarelse og en falsk opfattelse af nøglerne og åndelig dræbt ham. Hvorledes vil du nu klare det? Du siger måske, at det ikke er skik og brug ved paven stol og i bispekollegiet. Ja, det hører jeg nok, at det ikke er. Men det er skik og brug ved Kristi tronstol, og det skal også være det i bispekollegiet, ellers burde de opgive at være kristne bisper. En biskop er ikke Gud, derfor er hans skrivebord heller ikke Guds ord. Kan de gøre det bedre, end Guds søn har gjort det, så lad dem komme i gang. Så vil vi befale Guds søn at stikke piben ind og tie. Men kan de ikke gøre det bedre, så må de afskaffe misbrugen og atter indføre den rette brug. Kristus vil ikke ændre sit ord på grund af biskoppernes vedtagelser og misbrug.

Menighedens medindflydelse

Du hører her, at der skal være tale om åbenlyse synder, af bestemte, bekendte personer, hvor en bror ser den anden synde. Og det skal være sådanne synder, der først er blevet broderlig revsede og til sidst offentlig påklagede for menigheden. Derfor kalder man de bandbuller og breve, der er udsendt uden denne fremgangsmåde for et skarnsband. Jeg kalder det Djævelens band og ikke Guds band, når man frækt bandsætter folk, inden de er blevet offentligt fremstillet for menigheden, tvært imod Kristi ordning. Sådan er alle de band, som kirkens embedsmænd og gejstlige domhuse drive deres gøglespil med. På mange kilometers afstand udelukker man folk fra menigheden med et brev, skønt de dog aldrig er blevet irettesat, anklaget eller overbevist i denne menighed og for sognepræsten. Der kommer blot en flagermus flyvende fra en kirkelig embedsmands krog, uden vidner og uden Guds befaling. For den slags skarnsband behøver du ikke at frygte. Vil en biskop eller embedsmand sætte nogen i band, så må han selv gå eller sende bud til den menighed og for den sognepræst, hvor vedkommende skal sættes i band, så han kan blive behandlet retfærdig i overensstemmelse med Kristi ord.

Og alt dette siger jeg af følgende grund: Hvis menigheden skal anse den pågældende for bandsat, bør den vide og være klar over, hvorfor han har fortjent bandet og er blevet udelukket fra menigheden, ellers kunne den blive bedraget og antage et løgneband og gøre næsten skade. Det ville være at spotte nøglerne, vanhellige Gud og krænke kærligheden til næsten, som er utåleligt for en kristen menighed. For menigheden skal også inddrages, når nogen skal bandlyses hos den, som Kristus siger. Den har ikke pligt til at tro de officielle kirkelige skrivelser. Ja, den er forpligtet til ikke at tro her, for mennesker skal man ikke tro i Guds sager. Altså er en kristen menighed ikke kirkeministeriets tjenestepige eller biskoppens tæskehold, så han kan sige til den: Dér, Grete, dér, Hans, anse den eller den for bandlyst. Vær inderlig hilst, I kirkens gode mænd! Hvad angår den verdslige øvrighed kunne det måske nok have sin berettigelse, men her, hvor det vedrører sjælene, skal menigheden tillige også være dommer og frue. Paulus var apostel, alligevel ville han dog ikke sætte den person i band, der havde taget sin stedmor. Han ville have menigheden inddraget (1 Kor 5, 15). Og da menigheden ikke skred ind, lod han også bandet falde og var tilfreds, da den pågældende på anden måde var blevet irettesat af menigheden.

Hvordan det? Hvad nu hvis en person selv bekender sine synder, hvad enten de så er almindelig kendt eller hemmelige, så er han jo ikke blevet overbevist af andre og kunne godt aflægge en falsk bekendelse. Så måtte nøglerne jo fejle? Svar: Kristus siger i Matthæus 12, 37: "Af din mund skal du kendes retfærdig, og af din mund skal du fordømmes." Den, der derfor selv bekender og gør det af ydmyghed, ham skal man tro og tilgive. Og gør han det af trods og med løgn, skal man alligevel tro ham og sige: dig ske, som du siger. For selv om han aflægger en falsk syndsbekendelse, så er det dog en dobbelt synd, at han lyver og vil bedrage, derfor sker der ham hans ret, og nøglen fejler ikke. Ligesom Davids sværd ikke fejlede, da han lod ynglingen dræber, der roste sig af, at han havde stukket Saul ihjel, og det var dog løgn og opdigtelse, 2 Sam 1, 16. For David sagde: dit blod kommer over dit hoved, din mund har vidnet imod dig selv, når du siger, at du har dræbt kongen osv. Og al retspraksis viser, at egen tilståelse er den bedste overbevisning.

Lov og evangelium

For nu at komme til ende, så har vi altså ifølge Kristi befaling disse to nøgler. *Bindenøglen* er magten eller embedet til at straffe den synder, der ikke vil angre, med en offentlig dom til den evige død ved at udelukke ham fra kristenheden. Og når denne dom bliver fældet, så er det lige så virkeligt, som hvis Kristus selv dømte, og hvis vedkommende fortsætter i sin synd, er han i sandhed evig fordømt. *Løsenøglen* er magten eller embedet til at frikende den synder, der bekender og omvender sig fra synden, og atter forjætte ham evigt liv, og det er også lige så virkeligt, som hvis Kristus selv dømte. Og hvis han tror det og forbliver sådan, er han i sandhed evig salig. For *bindenøglen udfører lovens gerning* og er synderen *gavnlig og god*, fordi den tjener ham, ved at åbenbare ham hans synd, formane ham til gudsfrygt, skræmme og bevæge ham til anger og ikke til fordærvelse. *Løsenøglen udfører evangeliets gerning*, lokker til nåde og barmhjertighed, trøster og forjætter liv og salighed ved syndsforladelse. Kort og godt, nådens nøgler er eksekutorer, evangeliets forvaltere og udøvere, der simpelthen prædiker de to stykker: anger og syndsforladelse, Lukas 24, 47.

Loven som hjælper

Begge nøglerne er yderst nødvendige stykker i kristenheden og man kan ikke takke Gud nok for dem. For ingen kan trøste et menneske med en rigtig skræmt, syndig samvittighed. Det kniber selv med, at løsenøglen kan gøre det. Så alvorlig er en skrøbelig og svag samvittighed, at troen på nøglens kendelse må forkyndes stærkt og bredt både ved prædikanter, sognepræster og andre kristne. Men om denne tro er der aldrig nogen sinde hørt et eneste ord i pavedømmet. På den anden side er der også blandt de kristne nogle rå, frække hjerter og vilde mennesker, så de fromme ikke kunne have nogen ro eller fred for sådanne falske kristne, hvis bindenøglen ikke var der med sit ris, og alt åndede af nåde og sikkerhed. Men hvor skarp og streng denne dom end er, kniber det alligevel svært. Sådan er den strenge og hårde bindenøgle for de fromme kristne en stor trøst, beskyttelse, mur og borg imod de onde og desuden også *for de onde selv et gavnligt lægemiddel,* nyttigt og helbredende, *selv om det er hårdt og gør ondt på kødet.* Derfor skal vi holde begge de to kære nøgler i ære og værdighed af hele hjertet, som vores to uerstattelige skatte og ædelstene for vores sjæle.

For vores trofaste, kærlige biskop, Jesus Kristus, har tydelig set, at hans kære kristne, der er skrøbelige og uafbrudt på mange måder anfægtes af Djævelen, kødet og verden, undertiden ville falde og synde. Derfor har han givet dette lægemiddel, bindenøglen, for at vi ikke skulle blive for trygge i synden, hovmodige, frække og ligeglade. Og løsenøglen, for at vi ikke skulle fortvivle over synden, men holde os midt på vejen, imellem hovmod og forsagthed, i ret ydmyghed og tillid, så vi kan blive rigelig forsørget til alle sider. For den, der ikke synder eller bliver udsat for fristelser, men hvem gør ikke det, han har evangeliets almindelige forkyndelse. Men den, der kommer til at begår en synd, han har foruden evangeliets forkyndelse også nådens nøgler.

Frafaldets realitet i kristenlivet

Kristus har desuden med nøglerne kraftigt villet imødegå de fremtidige sekter, der lærer, at ingen dødssynd efter dåben kan tilgives mere på jorden. Men vi ser netop her, at Kristus *ikke giver nøglerne til hedninger eller udøbte, men til sine disciple og til døbte.* Det ville jo være helt forgæves, hvis de døbtes synder ikke kunne tilgives. Det hedder jo også i Matthæus 18, 15: "Hvis din *bror* forsynder sig". Og "bror" er jo netop betegnelsen for en døbt kristen. Og om en sådan bror siges Kristus: "hvis han synder." Han siger ikke kun: hvis han synder én gang, men ganske ligeud: hvis han synder. Han sætter hverken omfang, tal eller tid for nøglerne. Ja, han forklarer det selv uden omfang, tal og tid og siger: "alt," hvad I binder og løser. Han siger ikke: "noget", men "alt." Dermed er nøgleembedet udbredt over al syndens mængde, størrelse, omfang og skikkelse, hvilket navn man end kan nævne. For den, der siger "alt", undtager intet.

Vi skal dog ikke tolke dette ord til også at omfatter andre ting, sådan som paven gør, så nøglerne skulle binde og løse alt, hvad der er i Himlen og på jorden, og dermed tilrane os en almægtig magt. Man skal henføre det alene til synden og ikke videre, som det er vist. *For vi må forstå Kristi ord i overensstemmelse med pågældende sag,* det vil sige, at vi må tage i betragtning, hvad det er, Kristus taler om de forskellige steder. Vi må så begrænse forståelsen efter stedet og ikke løbe videre med det hen til andre ting, som Kristus ikke omtaler. Man kan ikke lære alle ting på ét sted eller lade ét ord passe til alle slags situationer, sådan som sværmerne gør. De forstår næsten alle udsagn i Skriften som om de gælder nadveren, hvad de jo ikke gør. Fordi vi altså tydeligt ser, at Kristus ikke taler om magten i Himlen eller på jorden, men om vores brødres synder, hvordan der skal rådes bod på dem, kan man ikke henføre hans ord videre eller tolke dem om andet end om

54

disse synder. Ordene "alt" og "binde og løse" må derfor begrænses til blot at gælde disse synder.

Den grænseløse nåde

For Kristus vil hermed hjertelig og mægtig trøste os stakkels syndere og ikke give paven magt over englene i Himlen eller over kejserne på jorden. *Og det er trøsten, at alle, ja, alle synder - ingen undtaget - skal være Peter eller nøglen underlagt.* De skal være bundet og løst, når han binder og løser dem, om end alle djævle, al verden, alle engle, alle vort hjertes tanker og fortvivlelse, al beskuelse af døden og alle onde tegn satte sig derimod. *Så et forsagt hjerte frimodigt kan forlade sig derpå* og i nødens tid kan sige sådan *imod sin egen onde samvittighed*: nu vel, hvor mange og hvor store mine synder end er, er de dog alle blevet mig tilgivet ved nøglen. Det forlader jeg mig på og vil ikke mere vide af nogen synd. Alle er de borte, alle tilgivet, alle glemt. Den, der tilsiger mig: alt, hvad du løser, skal være løst, han lyver ikke for mig, det ved jeg. *Er min anger ikke fyldestgørende, så er hans ord fyldestgørende.* Er jeg ikke værdig nok, så er hans nøgler værdige nok. Han er trofast og sanddru, mine synder skal ikke gøre ham til løgner for mig.

Ny genfødelse ved tro i omvendelsen

Se, en sådan tro skulle man have forkyndt og lært samtidig med nøglerne. For *nøglerne fordrer troen i vort hjerte, og uden tro kan du ikke bruge dem nyttigt.* Men tror du på deres kendelse, så bringer de dig *atter tilbage til din dåbs uskyld,* du bliver *genfødt på ny* og en sand ny helgen. For Guds ord er helligt, nøglerne er hellige, og de må også hellige alt, hvad der tror på dem. Og det er en særdeles urimelig ting, at man ved nøglerne har drevet så stærkt ene og alene på anger og gerninger, skønt man dog skulle adskille nøglerne og vores gerning så vidt, som Himmel og jord er fra hinanden. For det må også fornuften bekende, når den betragter teksten, at nøglerne ikke omgås med nogen gerning, at de ikke byder og befaler noget, men *truer og forjætter*. Men trussel og forjættelse er jo ikke befaling. Bindenøglen vil, at man skal tro dens trussel og derved frygte Gud. Den, der tror den, har med denne tro gjort nøglen fyldest forud for og uden alle gerninger. Den kræver heller ingen anden gerning. Senere vil en sådan tro helt sikkert gøre gerninger. Ligeledes vil løsenøglen, at man skal tro dens trøst og forjættelse og derved få Gud kær og få et glad og trygt hjerte. Den, der tror den, har med sådan tro gjort denne nøgle fyldest forud for og uden alle gerninger. Den kræver heller ingen anden gerning. Senere vil en sådan tro helt sikkert gøre gerninger.

De to nøgler skal bruges sammen

Og med særlig omhu skal man se til, at man, ifølge Kristi eksempel og ord, ikke lærer og anvender den ene nøgle uden den anden. Man skal sammenholde dem begge to, som Kristus gør. Under pavedømmet er bindenøglen blevet benyttet så gruelig og tyrannisk, og løsenøglen med sin kraft så aldeles fortiet, at enhver må have været nøglerne fjendsk. Ingen har kunnet komme til en ret anger og bod. For deres lære var den, at et menneske skulle betænke sine synder og samle dem sammen for dermed at fremkalde en anger ved frygten for Helvede og således ved gerninger fortjene nåde forud for nøglerne. Men det var jo umuligt at huske alle synder. Desuden lærte de kun at se på facaden, de almindelige grove synder, men de rigtige, alvorlige ting og djævle- hoveder og giftige åndelige dragehaler, nemlig vantro, knurren imod Gud, had til Gud, tvivl, bespottelse, gudsforagt og lignende, kendte de ikke til og lærte slet ikke at føle anger over. Derfor var deres bod også kun tilsyneladende og varede næppe den halve lidelsesuge. Der var in- gen grundig bod eller ret forståelse til stede, men i stedet lærte de gøg- lesynder, som var begået mod deres løgnelove. Hvad godt skulle der være ved denne bod?

Og ligesom der ikke blev lært noget grundigt om synden, sådan blev der heller ikke lært noget om Kristus, vores forsoner, ikke noget

56

om nøglernes trøst, ikke noget om troen, men alene om den utålelige plage med anger, skrifte, fyldestgørelse og vores gerninger. Og Kristus måtte hedde en grusom dommer, hvem vi, foruden med vores anger, skriftemål og fyldestgørelse, skulle forsone ved forbøn af hans moder og alle hellige, med alle mulige messer. Og lige lidt hjalp det. Der blev alligevel en utryg samvittighed tilbage, et forsagt hjerte, ene fortvivlelse og begyndelse til Helvede. Er det ikke sandt! Hvem kan nægte det? Foreligger bandbullerne og bøgerne ikke? Og alligevel, da jeg revsede denne måde at gøre bod på, gjorde jeg mig så fortjent, at pave Leo med sine mulæsler har fordømt mig som en kætter; for disse deres skadelige, forargelige grueligheder skulle hedde rene trosartikler.

En glad frygt og en jublende bæven

Men Kristus lærer her, at man også skal række en syndig samvittighed trøsten ved den anden nøgle og ikke alene foreholder den frygten for den ene nøgle, for at boden kan blive påbegyndt af lyst og kærlighed. For at gøre bod uden lyst og kærlighed til retfærdigheden, alene af frygt for pinen, sådan som de lærte, det er, at blive Gud hemmelig fjendsk, at spotte, at forøge synden og ikke andet end Judas-bod. Men hvem kan gøre bod med lyst og kærlighed, hvis han ikke har udsigt til nogen sikker trøst og forjættelse om nåden. Den kan ikke øses af vores egne tanker, for det holder ikke og gælder ikke, men må blive tilbudt og fremstillet ved et pålideligt Guds ord? *Denne trøst gennemtrænger og mildner da rædslen* for bindenøglen, så vort hjerte kan bære det og holde modet oppe. Det er da en ret bod, som ikke forbander Gud eller er ham hemmelig fjendsk, men elsker og lovpriser ham og udspringer af *en glad frygt og jublende bæven*, Salme 2, 11. Den behager Gud og varer bestandig, *frembringer et andet, nyt menneske* og giver ret had til synden, som syndsbetragtning, helvedesfrygt og den pavelige bod aldrig gør. At lære dette stykke om de to nøgler, skal man lægge megen vægt på og atter praktisere. Mange bilder sig ind, at det kan de sagtens, og forstå det dog ikke. Således regner papisterne det ikke. Og om de end hører eller læser det, kan de dog ikke forstå det, for deres hjerte er optaget af andre tanker, og de har Moses' dække for øjnene.

Det må nu for denne gang være nok om nådens nøgler, om Gud måske vil forunde, at kirketugten igen kunne komme i orden, og læren om boden og nøglerne atter kunne blive bekendt. Dertil hjælpe os al visdoms og trøsts Fader ved sin Helligånd i Kristus Jesus vor Herre. Ham være lov og tak i evighed. Amen.

Luther-serien

1 Kristi nadverord står fast
2 Kirkepostillen, bind 1
3 Kirkepostillen, bind 2
4 Kirkepostillen, bind 3
5 Salme 51
6 Opstandelsen
7 De Lutherske Bekendelsesskrifter
8 Vejledning for menighederne
9 Huspostillen
10 Bjergprædikenen
11 Luther-Lex-Citater
12 Teologiens Grundbegreber
13 Første Mosebog bind 1
14 Første Mosebog bind 2
15 Første Mosebog bind 3
16 Første Mosebog bind 4
17 Dåb og Tro
18 Fortalerne til Bibelen
19 En enkel måde at bede på
20 Nådens Nøgler

Forlag: Books on Demand GmbH, København, Danmark
(Se mere på lutherdansk.dk)